Rédaction : Suzanne Agnely et Jean Barraud, assistés de
J. Bonhomme, N. Chassériau et L. Aubert-Audigier.
Iconographie : A.-M. Moyse, assistée de N. Orlando.
Mise en pages : E. Riffe, d'après une maquette de H. Serres-Cousiné.
Correction : L. Petithory, B. Dauphin, P. Aristide.
Cartes : D. Horvath.

la Suède

la Norvège   le Danemark

les pays scandinaves

la Finlande   l'Islande

le Groenland

Librairie Larousse

17, rue du Montparnasse, 75006 Paris.

ERRATA

Notre couverture :
Bien que la plupart des Lapons soient aujourd'hui sédentaires, quelques-uns mènent encore la vie nomade de leur aïeux, habitant sous des tentes coniques et se déplaçant au fil des saisons.
Phot. Serraillier-Rapho

la Suède

pages 1 à 20
rédigé par Jacques Renoux

Suède

la Norvège

pages 1 à 20
rédigé par Monique Fauré

Norvège

le Danemark

pages 1 à 10
rédigé par Monique Fauré

la Finlande

pages 1 à 10
rédigé par Monique Fauré

Danemark *Finlande*

l'Islande

pages 1 à 16
rédigé par Jacques Nosari

le Groenland

pages 17 à 20

les îles Féroé

page 19
rédigé par Jacques Nosari

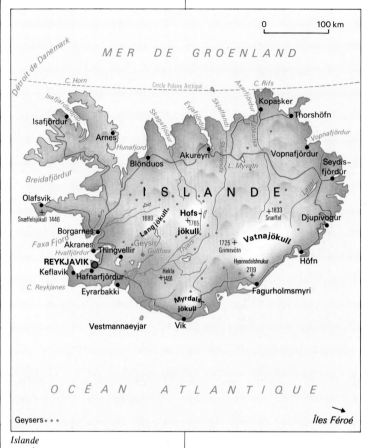

Islande

Groenland

la Suède

« La Suède est d'abord le pays du soleil. » Paradoxe, naturellement, quand on sait le pays plongé, des semaines durant, dans une grisaille oppressante. Mais c'est justement son absence physique qui rend le soleil omniprésent... dans les esprits. Un dieu et une obsession. Dès ses premiers rayons et tout l'été durant, les Suédois vont adorer l'astre du jour, sur les bancs du Kungsträdgården dé Stockholm comme sur les plages de Falsterbo, Mölle, Båstad ou Tylösand, au sud.

Le soleil appelle la fête. Il rend fou. Son apparition libère corps et esprits. On crie : « Le printemps est arrivé ! » ou : « L'été triomphe ! » La nuit de Walpurgis (30 avril) et celle de la Saint-Jean (pendant le week-end le plus proche du 24 juin) sont l'occasion de fêter — jusqu'à l'aube — le soleil présent, nourricier, enivrant. Son éclat rayonne dans le cœur de chacun. On

l'attendait avec impatience, on se livre à lui sans hésitation.

Les écrivains et les peintres ont reflété, dans leurs œuvres, cette sensibilité singulière des Suédois à la lumière, et l'angoisse, la nostalgie qui naissent à son éclipse. Le cinéma, jeu de lumière par excellence, a aussi traité le thème abondamment. Cet obsédant été nordique, on le retrouve chez Ingmar Bergman, bien sûr, dans *Sourires d'une nuit d'été, Une leçon d'amour, Jeux d'été, Un été avec Monika, Vers la joie,* mais encore dans *les Fraises sauvages, le Septième Sceau* et *la Source.* Il est aussi bien le décor de la comédie (*Comment débarquer,* de Hasse Alfredson et Tage Danielsson) que du drame (*Paradis d'été,* de Gunnel Lindblom).

L'année entière, la Suède vit dans le désir ou la jouissance de la lumière. Le soleil entretient les rêves, les illusions. Il engendre des mirages.

Il en est un, d'ailleurs, car il disparaîtra. Il n'est pas étonnant qu'une fête traditionnelle, de plus en plus populaire, soit la Sainte-Lucie, le 13 décembre : une fête éblouissante au cœur de la nuit hivernale. Elle marque l'espoir au moment où les jours vont rallonger.

La légende de sainte Lucie vient de Sicile. La belle chrétienne aurait sacrifié ses deux yeux pour la conversion d'un jeune païen. Et Dieu lui aurait donné un nouveau regard, encore plus beau que l'ancien. Lucie est célébrée depuis longtemps en Suède, en tant que symbole de la lumière renaissante. Elle a parfois rejoint de vieilles coutumes païennes, ce qui n'a pas toujours fait d'elle le modèle de pureté, de vertu et de générosité qu'elle est aujourd'hui. *Lus,* en suédois, signifie « pou », et, dans la province du Dalsland notamment, on disait que Lucie était à la tête d'un équipage de poux

▲
Au bord du lac Siljan, centre de vacances réputé, un mât symbolique planté à l'occasion de la nuit de la Saint-Jean, une des plus grandes fêtes suédoises.
Phot. Martin-Guillou-C. D. Tétrel

En Dalécarlie, les fêtes de la Saint-Jean sont célébrées avec une ferveur particulière, et en costume national.
Phot. Nakagawa-Fotogram

(*luslasset*) qui, dans la nuit du 13 décembre, se répandaient partout, sur les gens et les bêtes, si l'on ne barrait pas ses portes avec des branches de bouleaux. Lucie régnait donc aussi sur des forces obscures. De même, elle n'a pas toujours été vêtue de blanc. En Dalécarlie, elle ressemblait à une sorcière. En Småland, elle était tout de rouge habillée. Et dans le Västergötland, les Lucie étaient des travestis... Aujourd'hui, on continue, dans les familles, dans les villages, dans les bureaux et dans les villes, de perpétuer la tradition de la Sainte-Lucie. Au matin du 13 décembre, dans une robe immaculée et coiffée d'une couronne de bougies allumées — ou de petites ampoules électriques, pour plus de sécurité ! —, la Lucie apporte aux membres de la famille le café, les *lussekatter* (petites brioches au safran) et les *pepparkakor* (gâteaux au gingembre et à la cannelle), ou traverse la ville en cortège solennel. Il fait encore sombre et froid. Mais puisque Lucie est venue, une chose est sûre : le retour du soleil est pour très bientôt.

Monsieur Bocage de bouleaux

Cette adoration du soleil s'inscrit dans le cadre plus vaste d'un culte général de la nature. Nous sommes au pays du naturaliste Carl von Linné et des gares fleuries.

Les noms de famille des Suédois font constamment référence au paysage. Bergman signifie « homme de la montagne » ; Sjöström, « courant du lac » ; Ekdahl, « vallée de chênes » ; Lindblad, « feuilles de tilleul » ; Lindgren, « branches de tilleul » ; Lundkvist, « rameau de futaie » ; Björklund, « bocage de bouleaux », etc.

La Suède est un vaste parc. La nature y est généralement très protégée, et le pays comptait en plus, en 1977, 935 réserves naturelles, couvrant 780 000 ha. Les forêts occupent plus de 50 p. 100 du territoire, et le pourcentage s'élève jusqu'à 90 dans certaines régions du Nord. Quelques-unes d'entre elles abritent des espèces rares d'animaux et de plantes.

Les Suédois savent se montrer dignes de la nature généreuse qui les entoure. Ils lui rendent fréquemment visite et n'ont de cesse d'explorer leur vaste domaine, en avion, en automobile, à pied, à bicyclette (il y en a près de 2 500 000 pour quelque 8 millions d'habitants) ou en bateau (on en compte plus de 500 000). Arrivez dans une grande ville pendant le week-end, vous trouverez tout fermé, vide..., mais allez alentour, dans la nature — d'ailleurs toute proche —, et vous rencontrerez les citadins déserteurs, arpentant les sentiers, sac au dos, ou méditant au soleil près de leur *stuga* (chalet d'été souvent sans confort). Si vous souhaitez voir des amis à Stockholm un jour férié, prévenez à l'avance : ils risquent de naviguer sur le lac Mälar. Stockholm aussi est sur le lac..., mais l'archipel est vaste !

La Suède possède environ 100 000 lacs d'au moins un hectare de superficie. Elle compte

aussi quelque 60 000 km de rivières et de cours d'eau. On y pêche beaucoup. Un Suédois sur quatre va à la pêche. Même en hiver : il suffit de creuser un trou dans la glace.

Une faible population — elle n'est relativement concentrée que dans le Sud et sur la côte est — dans un vaste territoire et une attirance généralisée pour la nature expliquent la survie de vastes étendues sauvages d'un bout à l'autre du pays, soit près de 1 600 km.

Le midi de la Suède

C'est bien souvent à Helsingborg, le port de la pointe méridionale où débarqua pour la première fois, en 1810, le maréchal Charles Jean-Baptiste Bernadotte, que le touriste venant du « continent » prend contact avec la Suède. Importante forteresse danoise au Moyen Âge, Helsingborg est aujourd'hui l'un des grands ports de la Suède. C'est aussi une ville d'eau, qui possède la seule source thermale salée d'Europe, la Sofiakällan. Helsingborg n'est distante que de cinq kilomètres du petit port danois d'Helsingør (Elseneur). Pendant plusieurs siècles, ces deux villes ont pu contrôler tout le trafic maritime de la Baltique.

À l'extrémité de la place principale, Stortorget, où s'élève un hôtel de ville néogothique, on peut accéder à la terrasse du roi Oskar II et aux vestiges des fortifications dominés par le donjon, le Kärnan, gardien épargné par le temps d'un château disparu. Outre son église du XIIe siècle, reconstruite dans le style gothique au XVe, la Mariakyrkan, Helsingborg recèle

▲
Érection du mât enrubanné de verdure, autour duquel on dansera durant toute la nuit de la Saint-Jean.
Phot. Desjardins-Top

▶
Sur la colline du Grännaberget, les maisons au toit herbu et le vieux beffroi en bois du musée de plein air, au bord du lac Vättern, un des plus vastes de Suède.
Phot. Martin-Guillou-C. D. Tétrel

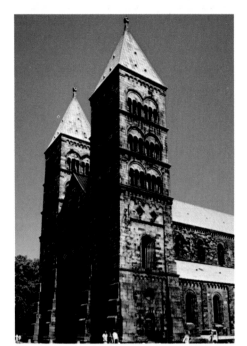

quelques curiosités architecturales avec les vieilles maisons du quartier Norra Storgatan — notamment la Jacob Hansenshus — et celles du musée de plein-air de Frederiksdal.

La Scanie, province la plus méridionale de la Suède, compte, dit-on, près de 150 châteaux et manoirs. On en trouvera sans peine, tout autour d'Helsingborg : Rosendal (Renaissance hollandaise, début du XVIIe s.) ; Vrams-Gunnarstorp (XVIIe s., restauré au XIXe). Près de Malmö : Torup (XVIe s.), Svaneholm, Skabersjö, Vittskövle (XVIe s.) et Glimmingehus (très beau vestige féodal).

Cette région, la plus peuplée de Suède, est aussi très riche en églises anciennes, en maisons médiévales et en cités aux ruelles tortueuses. Possession de la très chrétienne couronne danoise, elle fut un intense foyer de religion et de culture. À Lund, vieille ville universitaire, on renoue avec ce riche passé,

dont témoigne la remarquable cathédrale romane, dotée d'une horloge astronomique du XIVe siècle.

L'opulence que reflètent toutes les vieilles cités du Sud provient des échanges maritimes et du commerce extérieur, mais aussi de l'intérieur du pays, des plaines fertiles qui s'étendent non loin des villes. Si la Scanie offre quelques belles hêtraies, elle est avant tout le grenier à blé du pays. C'est ici que l'on trouve les fermes les plus prospères de toute la Suède. La plupart sont blanches, mais, dans le nord de la province, leur couleur rouge très particulière, dite « sang de bœuf » ou « rouge de Falun », car elle est obtenue à partir des produits d'extraction des mines cuprifères de cette ville, éclate parmi les cultures.

Le midi de la Suède a un « jardin » : c'est ainsi que Selma Lagerlöf, le célèbre auteur du *Merveilleux Voyage de Nils Holgersson à travers la Suède,* a surnommé le Blekinge. Cet étroit territoire offre en effet une grande diversité de paysages : vallées, rivières, collines, lacs, champs et forêts. Les chênes, rares en Suède, s'y sont laissé adopter par une terre sans doute privilégiée. Les eaux n'en sont pas moins généreuses... pour les pêcheurs, qui trouvent leur compte de saumons dans les rivières Emån et Mörrum sån.

On peut aussi pêcher à loisir un peu plus au nord, dans le vaste Småland. Région de lacs et de forêts qui semblent se perdre à l'infini, le Småland est le domaine préféré des *trolls,* ces étranges créatures qui, bien que de petite taille, n'en sont pas moins redoutées et redoutables... selon la légende. Leur royaume est la nature sombre et mystérieuse, celle des sous-bois et des brumes, des nuits profondes. On ne peut rien contre ces hôtes des forêts, dont on ignore — mais dont on craint — les pouvoirs...

Ici, le paysage n'est déjà plus domestiqué, comme en Scanie. Il retrouve sa dureté originelle, à laquelle des rochers ajoutent encore de la rigueur. C'est dans ce décor inaltérable que sont nées les plus belles créations de l'art moderne suédois, sobre, élégant et fonctionnel.

Dans beaucoup de villages, on peut voir travailler des artisans verriers. Centre de la verrerie et de la cristallerie suédoises — avec Orrefors, Kosta, Strömbergshyttan, Flygsfors, Växjö (et son musée) —, le Småland est aussi réputé pour ses fabriques de meubles (Bodafors). Il n'y a pas d'utilisation négligeable pour le bois, et Jönköping — ville-étape sur l'autoroute européenne E4 et tête de pont pour les promenades sur le lac Vättern — est devenue célèbre en tant que capitale mondiale de l'allumette.

Kalmar, cité historique, s'enorgueillit de posséder un des plus beaux châteaux suédois. Datant du XIIIe siècle, maintes fois remanié, il est entouré de remparts et décoré intérieurement dans le style Renaissance : plafonds peints et panneaux sculptés. Le centre de la cité conserve aussi de très jolies maisons du XVIIe siècle.

De Kalmar, on peut gagner l'île d'Öland. Depuis 1972, un pont de 6 km la relie au

▲
▲
Bien que remaniée à plusieurs reprises, la cathédrale de Lund, fondée au XIe s. par le roi de Danemark Knud le Saint, a conservé son caractère roman.
Phot. Martin-Guillou-C. D. Tétrel

▲
Chapeauté de cuivre vert-de-grisé, le château de briques roses de Trolleholm est un des plus imposants de la Scanie, où les manoirs sont légion.
Phot. Martin-Guillou-C. D. Tétrel

▶
Transformée au XVIe s. par Gustav Ier Vasa, la forteresse médiévale de Kalmar est devenue un château Renaissance. flanqué aux quatre coins de grosses tours rondes.
Phot. M. Levassort

continent. Longue de 140 km, large de 15, c'est un plateau couvert de vieux moulins à vent, de fleurs sauvages rares et de tombeaux vikings. À son extrémité sud est installée l'une des plus importantes stations ornithologiques d'Europe.

De Grankullavik, à la pointe nord-est d'Öland, un ferry conduit à l'île voisine, Gotland, «Rhodes du Nord», «perle de la Baltique», un des plus beaux fleurons touristiques de la Suède. Quelques rochers inquiétants, les *raukar*, parsèment les longues plages de sable fin du littoral ; ils ont donné naissance à de nombreuses légendes, et on a découvert parmi eux des stèles de l'époque viking. Mais le trésor monumental de l'île est incontestablement Visby, «cité des ruines et des roses», ceinturée de remparts admirablement conservés. Elle laisse entrevoir son opulence passée, lorsqu'elle faisait partie de la Ligue hanséatique. La petite île toute proche de Störa Karlsö abrite d'importantes colonies d'oiseaux migrateurs.

Le Midi suédois se prolonge à l'ouest jusqu'à la frontière norvégienne par le Halland et le Bohuslän, remparts maritimes occidentaux. De part et d'autre de Göteborg, ils accueillent les baigneurs : au nord, dans un décor de petites criques granitiques faisant place à de petites criques aux eaux profondes ; au sud, sur des plages de sable pénétrant doucement dans la mer.

Au pays de Selma Lagerlöf

Au nord du Bohuslän, le Dalsland — qui ouvre la voie aux lacs de Norvège — est une sorte de synthèse entre le Nord farouche et le Sud souriant : brève rencontre, car le lac Vänern nous entraîne bien vite vers le nord, dans le Värmland, le pays de Selma Lagerlöf. Une province romantique, aux sites solitaires et troublants.

C'est dans l'ancien presbytère de Mårbacka, une paisible maison basse, entourée de sorbiers et de bouleaux, que l'écrivain naquit le 20 novembre 1858. Un père poète et le cadre naturel, à la fois rude et enchanteur, grandiose et primitif, développèrent chez l'enfant le goût des rêveries et des légendes. Ces paysages typiquement suédois, aux caractères accusés — hautes montagnes et vallées sinueuses où trouvent place les activités artisanales les plus traditionnelles — exaltent les traits du tempérament scandinave et ne pouvaient manquer d'inspirer non seulement des poètes, mais de nombreux peintres.

Terres de transition vers l'archipel des 24 000 îles qui porte la capitale, Stockholm, le Västergötland et l'Östergötland offrent des visages plus sereins. Tout y est douceur et tranquillité. On s'y promène sur les canaux — de Trollhättan, Göta ou Kinda —, on visite des zoos — à Borås et Kolmården — et des châteaux médiévaux — à Läckö et Torpa. Au bord du lac Vättern, à Vadstena où s'élève un magnifique château Renaissance hollandaise construit par Gustav Vasa, sainte Brigitte a fondé, en 1370, une abbaye que sa transformation en hôpital a sans doute sauvée de la ruine. Non loin de là s'étend la forêt de Tiveden, dont le nom signifie «forêt divine» et qui fut longtemps la propriété du couvent. On y trouve des tilleuls plusieurs fois centenaires, de petites églises rustiques, des «sources à sacrifices» païennes et des lacs particulièrement limpides, dont le plus connu est celui de Fägernäs, où flottent des nénuphars rouges.

Dans la Suède centrale, l'environnement de Stockholm est constitué, au sud, par le Södermanland, à l'ouest par le Närke, au nord par le Västmanland et l'Uppland. Un lac, comme toujours en Suède, unit ces provinces : le Mälar. Car, dans cette région historique, l'eau prouve, peut-être plus encore que dans le reste du pays, qu'elle n'a jamais été un obstacle au rapprochement des hommes, à leur vie politique et économique. Bien au contraire.

La manière la plus spectaculaire de traverser la Suède centrale consiste à emprunter le fameux Göta Kanal, qui relie Göteborg à Stockholm en deux jours et demi. Entre les deux grands lacs — Vänern et Vättern, véritables mers intérieures —, les bateaux semblent se frayer un chemin parmi les bouleaux et les aulnes des rivages. Le «ruban bleu» qui coupe ainsi la Suède de part en part n'a été réalisé effectivement — malgré de nombreux projets partiels antérieurs — qu'au début du XIXe siècle. Il traverse, dans le Närke notamment, un mélange de plaines et de montagnes.

Nous reviendrons ultérieurement sur les trois grandes villes de Suède — dont Stockholm, la capitale flottante, à la rencontre du lac Mälar et de la Baltique. Avant qu'elle ne soit fondée, c'est à Gamla Uppsala (le Vieil Uppsala) que vivaient les souverains du pays. Les tumuli érigés sur les sépultures de trois d'entre eux, au Ve et au VIe siècle, sont toujours visibles.

Les villages de Dalécarlie

Les provinces centrales situées au nord de Stockholm — Gästrikland, Hälsingland et surtout Dalécarlie — sont traditionnellement considérées comme les plus riches en folklore.

Encore des forêts, des champs et des lacs, mais toujours renouvelés. Dans le nord de la Dalécarlie, les vallées se font plus étroites, le paysage prend du relief et les montagnes appellent les sports d'hiver. On y verrait encore des ours, dit-on. Mais on y rencontre plus souvent des skieurs. C'est là, entre Sälen et Mora, que se dispute chaque année, en mars, la Vasaloppet, course de ski de fond de 85 km, la plus importante du monde avec plus de 10 000 participants.

C'est dans cette région que les fêtes de la Saint-Jean font l'objet des cérémonies les plus pittoresques. La musique (ménétriers dalécarliens), les coutumes et les costumes témoignent de la vitalité du folklore. Les Dalécarliens sont tellement attachés à leur passé qu'ils sont les seuls Suédois à avoir conservé autant de villages. C'est que la Dalécarlie a toujours résisté vigoureusement aux opérations de remembrement, qui, dans les autres provinces, ont, dès le milieu du XVIIIe siècle, entraîné la dispersion des fermes.

Un lac à voir, le Siljan, avec les petites cités qui le bordent : Leksand (église), Tällberg, Rättvik et Mora. La Dalécarlie, c'est aussi Falun, célèbre pour ses mines de cuivre qui alimentèrent l'Europe pendant des siècles.

▲

L'île d'Öland est connue pour ses 400 moulins à vent : l'un des plus grands est celui du centre de villégiature de Sandvik.

Phot. Martin-Guillou-C. D. Tétrel

▶

Construit en bois dans le style très original du Jämtland, le clocher isolé de l'église de Hackås est entièrement recouvert d'écailles.

Phot. Martin-Guillou-C. D. Tétrel

La conquête du Nord

La démesure de la Suède — que reflètent certains comportements de son peuple —, on la rencontre en montant toujours plus au nord. On ne saurait d'ailleurs résister longtemps à l'appel de ces espaces qui ne savent pas s'achever, qui se perdent et se confondent. Cet attrait, les hommes du Nord l'ont éprouvé. Ceux du Sud, les Latins, aussi. En 1681, le poète français Jean-François Regnard s'aventura en Laponie avec deux compagnons, de Fercourt et de Corberon, jusqu'au lac de Jukkasjärvi, au-dessus de Kiruna. Ils en repartirent avec le sentiment d'avoir atteint « la fin du monde ».

Le Gästrikland, le Hälsingland, le Medelpad, l'Ångermanland, le Västerbotten et le Norrbotten totalisent près de 700 km de côtes. Des plages où l'on se baigne tout l'été, de Sundsvall à Haparanda. On peut ainsi nager presque jusqu'au cercle polaire.

En s'éloignant du littoral, on s'enfonce, avec le Jämtland et le Härjedal, dans d'épaisses forêts, coupées de rivières charriant les troncs destinés aux scieries ou aux fabriques de papier. Il faut observer l'habileté des hommes qui conduisent ces flottages, auxquels les moyens de transport modernes ont tendance à se substituer. À cette latitude, en plein été, les jours n'ont plus de nuit.

Dans les vallées luxuriantes courent des rivières où abondent saumons, truites, brochets et perches. Plus à l'ouest se dressent les montagnes, avec Åre et Storlien, les stations de ski alpin (descente) les plus réputées de Suède. L'enneigement leur permet de fonctionner à peu près toute l'année.

Dans ce décor, les randonnées à ski ou à pied sont particulièrement enivrantes. Loin de vous

◄
Fait de pierres levées évoquant la forme d'un bateau, l'Anundshögen est une sépulture viking située à Badelunda, en Västmanland.
Phot. D. Blouin

▲ *Au nord-ouest d'Umeå, entre Norrland et Ångerman-land, un paysage de collines, de forêts de conifères et de lacs qui annonce la Laponie.*
Phot. Martin-Guillou-C. D. Tétrel

▶ *Les nombreuses rivières qui traversent les immenses forêts de Suède permettent un transport économique du bois.*
Phot. Martin-Guillou-C. D. Tétrel

▲
Comme beaucoup d'églises de Suède, celle de Lycksele est rehaussée de vives couleurs et séparée de son clocher.
Phot. Martin-Guillou-C. D. Tétrel

écraser, ces immensités blanches ou vertes, selon l'altitude ou la saison, vous exaltent. Fièvre amplifiée par la conquête du Grand Nord et les jours sans fin de l'été. La Laponie, bien sûr, c'est la terre des Lapons, qui sont encore, en Suède, une dizaine de milliers. Farouches comme le milieu dans lequel ils vivent, ils ont été ignorés et méprisés pendant des siècles avant d'être l'objet de beaucoup d'attentions. On les a facilement ralliés à la vie moderne, ainsi qu'on peut le constater au village lapon de Jukkasjärvi. Et c'est au tourisme que leurs traditions doivent parfois d'avoir survécu.

Un tiers des Lapons suédois mènent encore, paraît-il, une existence nomade, suivant dans leurs migrations les troupeaux de rennes qui les font vivre. L'hiver se passe dans le bas pays, dans les forêts de conifères, au sud. Pendant la nuit polaire, le renne se nourrit du lichen qu'il trouve en grattant la neige (à condition qu'elle ne soit pas gelée). Au printemps, répondant à l'impatience des bêtes, les Lapons conduisent celles-ci vers les alpages où la végétation commence à s'épanouir. À l'automne, les cervidés vont pâturer dans les forêts de bouleaux. C'est l'époque du marquage, de la castration, de la sélection et de l'abattage.

Le «toit de l'Europe» est une terre à la fois désolée et riche. Deux forces, apparemment inégales et *a priori* opposées, y ont coexisté : la nature et l'homme. Kiruna est l'illustration de cette dualité, qui ne pourrait être mieux symbolisée que par le gigantesque pic de mineur qui, au centre de la ville, fait face à la montagne. Kiruna a été bâtie en 1899, pour et par l'un des plus vastes et des plus riches gisements de fer que l'on connaisse. Au paysage ingrat s'ajoutent ici, en hiver, des conditions climatiques particulièrement éprouvantes. L'homme

▲
Sortie de l'église à Karesuando, la localité la plus septentrionale de la Suède, où plus de 300 Lapons vivent encore de l'élevage du renne.
Phot. M. Levassort

s'y est habitué, il a appris à aimer cette vie. Il a montré sa volonté de résistance face aux éléments, et il a édifié sur la calotte polaire l'une des villes les plus étendues du monde : 13 000 km². Et cela en réussissant la gageure de ne pas souiller une nature puissante, envahissante. Les initiatives industrieuses des hommes ne semblent pas avoir agressé l'environnement.

C'est cette impression — assez rare, il faut bien l'avouer, dans les pays hautement industrialisés — que l'on retrouve dans les grandes villes suédoises — Stockholm, Göteborg et Malmö —, qui ont gardé un « visage humain ».

La « ville-qui-nage-sur-l'eau »

Nils Holgersson « remarqua que plus on avançait, plus les rives étaient habitées et plus il y avait d'animation sur le lac. Des chalands et des voiliers, des goélettes et des barques de pêcheurs se suivaient dans la même direction : une multitude de jolis vapeurs blancs les croisaient ou les dépassaient [...] Sur une des îles, il aperçut un grand château blanc, un peu plus loin les rives se couvraient de villas, d'abord espacées, puis de plus en plus serrées, et qui enfin se touchaient et s'alignaient en rangées ininterrompues [...]. La plupart d'entre elles étaient construites dans le bois qui bordait le lac. Toutes ces villas, si dissemblables qu'elles fussent, n'en avaient pas moins un trait commun : ce n'étaient point des maisons simples et graves, elles étaient toutes peintes en couleurs vives, en vert, en bleu, en rouge, comme des maisons de poupées [...] — Quelle est cette ville que nous avons traversée ? demanda-t-il. — Je ne connais pas son nom parmi les hommes, répondit la petite oie cendrée, compagne du voyage de Nils Holgersson, mais, nous autres oies, nous l'appelons la « ville-qui-nage-sur-l'eau ». »

Depuis sept cents ans qu'elle existe, Stockholm est supportée par une vingtaine des îles rocheuses d'un archipel qui en compte quelque vingt-quatre mille. En un siècle, la ville est passée de 100 000 habitants à plus d'un million. Une expansion qu'elle a absorbée en éclatant : des agglomérations nouvelles ont été créées à la périphérie. La situation singulière de Stockholm aurait pu la condamner à périr noyée. Ses urbanistes ont, au contraire, su en tirer parti. Au-delà de l'entrelacs des ponts et des échangeurs qui se chevauchent au-dessus des eaux du lac Mälar et de la Baltique, on éprouve une sensation d'espace inattendue.

À Gamla Stan, la vieille ville, on retrouve, dans le tracé des rues et des ruelles, le passé de la « reine du lac Mälar », ses origines médiévales. Son centre est la petite place Stortorget, la plus ancienne de Stockholm, où s'élève le bâtiment de la Bourse (1773), qui abrite également l'Académie suédoise et la bibliothèque Nobel. De là partent les voies étroites qui desservent les augustes demeures aux caves voûtées. Comme il arrive souvent aux vieux quartiers des grandes cités, celui-ci a été investi

par les artistes, les antiquaires, les restaurateurs et les snobs. Voir notamment les maisons des XVIe et XVIIe siècles de Svartmangatan, la rue qui conduit à Tyska Kyrkan, l'église allemande baroque dédiée à sainte Gertrude. Järntorget propose un musée d'égyptologie. Dans Västerlånggatan, on peut admirer la demeure médiévale de Jakob Sauer et la maison d'un riche marchand de l'époque de Gustav II Adolf, Erik von der Linde.

Sur cette « ville entre les ponts », ancêtre de Stockholm, s'élève le Kungliga slottet (château royal). L'ancien palais du XIIIe siècle fut entièrement détruit en 1697 par un incendie. Il fallut une soixantaine d'années pour construire l'édifice actuel, sur les plans de l'architecte suédois Nicodèmus Tessin le Jeune.

La réconciliation des anciens et des modernes

Toute proche se dresse Storkyrkan, la cathédrale dédiée à saint Nicolas. Édifiée dans les années 1250-1260, reconstruite au XVe siècle, remaniée au XVIIIe, elle dissimule bien son âge et semble avoir été épargnée par le temps. À l'intérieur, on remarque surtout un groupe en bois du Moyen Âge, *Saint Georges, le dragon et la princesse,* dû au sculpteur Bernt Notke de Lübeck et offert à l'église, en 1489, par le régent Sten Sture l'Aîné, en remerciement de la victoire remportée par lui sur les Danois dix-huit ans auparavant.

Au nord de l'île, à l'opposé du château royal, voici deux belles demeures du XVIIe siècle : Bondeska palatset, l'ancien palais de justice devenu cour suprême, et surtout Riddarhuset, le palais de la Noblesse. C'est une construction de style baroque allemand, pour certains la plus belle de Stockholm, due à deux architectes, un Allemand et un Français.

Il suffit de passer quelques ponts : Norrbro ou Stallbron au nord, Riddarbron à l'ouest, pour découvrir là l'ancien Riksdag (Parlement), ici Riddarholmskyrkan, une église du XIIIe siècle où sont inhumés un grand nombre de souverains suédois.

De l'îlot de Riddarholmen, le regard est attiré par un bâtiment sobre, massif, coloré, élégant, qui semble flotter sur le lac de façon un peu irréelle. C'est le Stadshuset, l'hôtel de ville en briques rouges, qui arbore un petit air Renaissance. En fait, il date de 1923 et est l'œuvre — très séduisante — de l'architecte Ragnar Östberg.

Si l'on prend le vieux Stockholm comme point de départ, la ville peut se diviser ainsi : au nord, Norrmalm, le quartier des affaires ; à l'ouest, Kungsholmen, le quartier administratif ; au sud, Slussen (l'Écluse), puis Södermalm, le quartier populaire.

Dans Norrmalm, Gustav Adolfs torg (place Gustav-Adolf) donne une impression de tranquille assurance. Son espace est bien dégagé, mais elle se garde de toute prétention. D'un côté, Kungliga operan (Opéra royal) ; de l'autre, le ministère des Affaires étrangères, installé dans l'ancien palais du Prince héritier

(XVIIIe s.). Derrière l'Opéra s'étend le magnifique Kungsträdgården, lieu de promenade et de détente privilégié de tous les habitants et visiteurs de Stockholm. Le jardin public est un ancien parc royal, dessiné au XVIIe siècle dans le style français. Le groupe de la fontaine évoque Näcken, dieu de la Rivière, important personnage de la mythologie suédoise. À l'est, face à Skeppsholmen, un imposant bâtiment de style Renaissance tardif (XIXe s.) abrite les collections du National Museum. Le très vivant Moderna Museet (musée d'Art moderne) et ses deux ciné-clubs ont trouvé asile dans une caserne de Skeppsholmen.

Le périmètre délimité par Kungsgatan, Sveavägen et Drottninggatan — trois artères où se concentrent de nombreuses activités commerciales — est l'un des plus attachants parmi les nouveaux quartiers de Stockholm. Il doit à sa confrontation entre l'ancien et le moderne, la fantaisie et le fonctionnel. Il y a d'abord Hötorget, la petite place du Marché-aux-Fleurs, le Konserthus, salle de concerts du début du siècle, et la fontaine de Carl Milles. Puis, au pied du building de verre et d'aluminium de Sergels torg (maison de la Culture et Parlement), un agréable complexe de galeries marchandes, avec un vaste espace piétonnier.

▲
Stockholm : au sud de la ville, le quartier de Södermalm étage ses constructions sur un rocher abrupt, le long du lac Mälar.
Phot. Martin-Guillou-C. D. Tétrel

▼
Stockholm : derrière le Stadshuset (hôtel de ville) et sa tour carrée, l'îlot de Riddarholmen et Gamla Stan, la « ville entre les ponts », où se trouvent les principaux monuments.
Phot. Boulat-Sipa Press

▶
Deux clochers dominent Gamla Stan, la vieille ville de Stockholm : celui, effilé, de l'église allemande, et celui, plus trapu, de la cathédrale.
Phot. Martin-Guillou-C. D. Tétrel

L'art dans le métro

À l'est, dans le quartier Östermalm, on traverse Nybroplan, le carrefour où se dresse le Kungliga Dramatiska Teatern dont le cinéaste Bergman a souvent dirigé les mises en scène, pour gagner Humlegården, le parc où l'on pourra visiter la Kungliga Bibliotek, qui renferme 750 000 volumes et 15 000 manuscrits. Parmi ses trésors : un *Roman de la Rose* français de 1480, la *Bible du Diable,* qui comprend des manuscrits des IXe et XIIIe siècles, et un *Évangile* du VIIIe siècle.

L'île de Kungsholmen, dominée par le resplendissant hôtel de ville, rassemble, sur sa pointe orientale, le palais de justice, l'hôtel royal de la Monnaie, le quartier général de la police, l'hôpital Serafimer Lasarett et une église du XVIIe siècle.

Södermalm, le quartier sud, est planté sur ses falaises, face à la vieille ville. Avant que la tour Käknäs (155 m) ne vienne la détrôner, il y a peu, Katarinahissen (ascenseur de Katarina) était l'attraction la plus élevée de Stockholm... en dehors des gratte-ciel. Construit en 1935, il s'élève, dans sa charpente isolée, de 35 mètres, pour vous conduire à Mosebacke torg, une petite place charmante d'où l'on découvre un magnifique panorama.

À la fois casse-tête et paradis des urbanistes, Stockholm connaît, depuis la fin des années 60, des transformations fulgurantes. La gare centrale a été cernée d'échangeurs routiers. Un important complexe, réunissant des services administratifs, le Riksdag (Parlement) et le Kulturhuset (maison de la Culture, dont les salles d'exposition, de lecture et d'audition sont ouvertes à tous), a été édifié au cœur des activités citadines, entre Sergels torg et Brunkebergs torg.

Les chantiers de rénovation qui ne cessent de s'ouvrir provoquent toujours l'admiration des Suédois, pourtant habitués à l'ingéniosité et au progrès de leurs techniques. Les conceptions nouvelles des architectes ont instauré le principe de la terrasse, inspirée du «café» dont la Suède ne connaît pas l'existence : les seuls établissements un peu comparables étaient jusqu'alors les *Konditori,* sortes de salons de thé tranquilles et feutrés, où l'on peut lire le journal et manger des gâteaux devant une tasse de café, un verre de lait ou une bière sans alcool.

Nécessairement pratique, le métro *(Tunnelbana)* est aussi un modèle de décoration. Ses débuts ne remontent qu'à 1958, et le réseau s'accroît progressivement. Il a toujours été conçu avec un évident souci d'esthétique, et l'on a pu parler, en 1975, lors de l'inauguration de la ligne de Järva (14 km), du «musée d'art le plus long du monde».

En dépit des difficultés inhérentes à sa situation géographique, Stockholm a su faire face aux nécessités de son développement en faisant preuve, dans la plupart des cas, des qualités qui caractérisent l'artisanat domestique suédois : sens pratique, sobriété et harmonie. Et en essayant, le plus souvent possible, de respecter les aspirations des hommes et l'environnement. Bien que bâtie sur des îles, la ville n'est pas isolée. Elle s'insère dans un contexte facilement et rapidement accessible.

Un théâtre-musée

À l'est de la ville, à quelques minutes du centre, Skansen permet de trouver sur une île un «concentré» de toute la Suède. Zoo, parc d'attractions, centre de spectacles et de concerts, Skansen est surtout intéressant par son musée de plein air, qui rassemble une centaine de maisons, d'échoppes, de fermes, de manoirs, d'églises et d'ateliers anciens (depuis le XVIe s.), provenant de toutes les régions du pays.

À quelques pas de là, à l'orée du domaine de Djurgården, Wasavarvet recèle l'une des principales curiosités de Stockholm : le *Wasa,* vaisseau royal (59 m de long sur 12 de large), qui coula le 10 août 1628, le jour de sa première sortie, pour une raison restée mystérieuse. À l'époque, on ne put récupérer que les canons, et le navire ne fut renfloué que trois siècles plus tard, en 1961. Il nous apprend des choses passionnantes sur son temps, sur la construction navale et sur la vie des marins à bord.

Au nord de Djurgården, sur l'île de Lidingö, c'est un art plus contemporain qui s'offre aux yeux, celui du sculpteur Carl Milles (1875-1955). À Millesgården, qui fut le cadre de sa vie, ses œuvres personnelles côtoient les nombreuses sculptures antiques qu'il avait collectionnées.

Mais le joyau de l'archipel est sans doute Drottningholm, le «Petit Versailles» de l'île de la Reine, château royal «à la française», construit, comme celui de la «cité entre les ponts», par Nicodèmus Tessin le Jeune, avec des jardins inspirés par Le Nôtre. Demeure de la reine Lovisa-Ulrika, le palais fut l'objet d'aménagements successifs. Il fut surtout doté, en 1754, d'un théâtre qui, ravagé par un incendie, fut reconstruit en 1766. C'est celui que l'on peut admirer aujourd'hui. La scène de Drottningholm connut une très grande activité. De grandes premières s'y donnèrent. Le théâtre bénéficie d'une scène profonde (19 m) et surtout d'une remarquable machinerie : mise au point par un expert italien, Donato Stopani, elle permet d'exécuter avec rapidité et précision d'importants changements de décors. D'un fonctionnement très simple, cette machinerie du XVIIIe siècle, régulièrement et soigneusement entretenue, est toujours en service. Ce n'est pas le moindre attrait de cette scène, qui a également conservé une trentaine de décors originaux du XVIIIe siècle, signés de maîtres de l'époque : Carlo Bibieni, Louis Jean Desprez, Jean Erik Rehn et Jean Démosthène Dugourc. Visiter ce théâtre et son musée, assister à une représentation, écouter les musiciens en costumes d'époque font partie des attractions à ne pas manquer. Aux environs de Stockholm, sur une petite presqu'île du lac Mälar, le château de Gripsholm, qui date du XVIe siècle et abrite une importante collection de tableaux, possède également un petit théâtre du XVIIIe siècle, dit «de Gustave III», fort bien conservé.

Les charmes d'une ville industrielle

Vagabondages dans le temps... La Suède est un pays de songes, de rêves. Évasion dans l'espace, aussi. Mer oblige : la Scandinavie est une péninsule. Elle tire sa subsistance des échanges maritimes. Le commerce extérieur, ici, est vital. Aussi ne faut-il pas s'étonner que la deuxième ville de Suède soit un grand port : Göteborg, sur la côte ouest, jeune rivale de Stockholm.

Bâtie sur des marécages, vivant dans l'eau et par l'eau, Göteborg a été fondée en 1621 par Gustav Adolf à proximité d'une ville du XVe siècle, Nya Lödöse. Le roi fit appel à des ingénieurs hollandais, ce qui explique l'atmosphère très néerlandaise de la ville. Il y avait de nombreux canaux, dont la plupart ont été recouverts. Göteborg connut un essor considérable au XVIIIe siècle, après la création d'une Compagnie des Indes, et au XIXe, lorsqu'elle se retrouva port de transit pour le commerce britannique en Europe du Nord, après le Blocus continental de Napoléon Ier. Elle est aujourd'hui le centre d'une activité industrielle florissante.

Cette vocation ne l'a pas privée de ses charmes. Charmes du passé avec la forteresse (XVIIe s.) d'Älvsborg, les rues du XVIIIe et du XIXe siècle de Kronhusbodarna, et le marché d'antiquités permanent d'Antikhallarna ; charmes du présent avec le port et la Götaplatsen, sa bibliothèque et son centre d'activités ; charmes de la nature avec les parcs et jardins :

▲
Repêché après avoir passé 333 ans au fond de l'eau, le Wasa, *joyau de la marine de guerre suédoise du XVIIe s. qui coula le jour de sa première sortie, est une des grandes attractions de Stockholm.*
Phot. C. Lénars

Trädgårdsföreningenspark, Slottsskogen, Bota-niska Trädgården dont les plantes viennent du monde entier, et surtout jardins fleuris de Liseberg, le plus grand parc de Suède, fondé en 1923 ; charmes de la culture enfin avec les musées et les théâtres les plus réputés du pays.

Le théâtre, c'est ce que l'on remarque tout de suite en arrivant à Malmö, la troisième ville de Suède. Ce Stadsteater, imposant et très vaste (1 700 places), est récent (1944). La ville, elle, tout entière tournée vers Copenhague qui lui fait face de l'autre côté de l'Öresund, est ancienne (fin du XIIe s.). Au XVIe siècle, la pêche au hareng lui assura une certaine prospé-rité, qu'un trafic maritime assez dense a fait fructifier jusqu'à nos jours. Sur Stortorget, la grand-place, une statue de Charles X Gustave rend hommage au roi qui offrit la province à la Suède. Sankt Petri kyrkan (église Saint-Pierre),

construite en brique au début du XIVe siècle, est la plus grande église gothique de la Suède méridionale. Malmö possède d'autres vestiges historiques, notamment les caves de l'hôtel de ville (XIVe s.) ; la résidence du Gouverneur (XVIIIe s.) ; Ulfeldskahuset (XVIe s., sur cave voûtée du XIIe) ; Faxeskahuset, maison à pans de bois (XVIIIe s.) ; Jörgen Kockhuset, demeure du XVIe s. ; Kompanihuset, siège de la Compa-gnie des Indes ; Claus Mortensensgård, habita-tion du propagateur de la Réforme à Malmö ; Rosenvingehuset (1531). Malmöhus, le château Renaissance bâti en 1537 sur les ruines d'une forteresse édifiée par Eric de Poméranie, a été

incendié en 1870 et reconstruit. De 1567 à 1573, le comte de Bothwell, troisième époux de Marie Stuart, reine d'Écosse, y fut emprisonné après s'être enfui de son pays. Dans le sud de la Suède, l'histoire fut plus turbulente que dans le nord du pays, figé dans le froid, la nuit et l'isolement ■   Jacques RENOUX

▶

Au pied des clochers de la Storkyrkan (cathédrale) et de la Tyskakyrkan (église allemande), les toits colorés de Gamla Stan, la vieille ville de Stockholm.
Phot. C. Lénars

▲
Au bord du lac Mälar, le château de Gripsholm, ancienne résidence royale, abrite une des plus impor-tantes galeries de portraits d'Europe (2 600 toiles).
Phot. Martin-Guillou-C. D. Tétrel

▶
Malmö : sur Stortorget, la grand-place, la statue équestre de Karl X fait face au Rådhus (hôtel de ville), au-dessus duquel pointe la flèche de l'église Saint-Pierre.
Phot. Martin-Guillou-C. D. Tétrel

la Norvège

Tout au nord de l'Europe, la péninsule scandinave plonge brusquement dans la mer du Nord et l'océan Glacial Arctique : c'est la Norvège. La côte, étirée sur 2000 km en ligne droite, s'émiette en milliers d'îles, refuges des oiseaux. Les fjords s'enfoncent dans le pays, insinuant leurs eaux d'émeraude où se reflètent les à-pics prodigieux de leurs flancs ravinés. Partout, le roc et l'eau se partagent l'espace. Cascades tonitruantes ou lacs silencieux illuminent les sombres granites.

Peu de place pour l'homme, qui s'est tout naturellement tourné vers les flots. Viking ou pêcheur, il a toujours vécu de la mer, et la majeure partie de la population — peu nombreuse d'ailleurs — habite sur la côte. Hommes, femmes et enfants éclatent d'une saine beauté, due à leur constant contact avec la nature étonnante à laquelle ils appartiennent. Ski ou randonnée, chasse ou pêche, pendant les lumineuses nuits d'été et les longs clairs-obscurs de l'hiver, les Norvégiens sont dehors. La solitude se peuple de *trolls* (esprits malfaisants), la campagne entre dans la ville, et le paysage entier sait, comme Janus, se tourner vers l'avenir sans perdre le passé du regard.

Danses et costumes folkloriques, langue lapone et musées de plein air caractérisent la Norvège d'aujourd'hui, au même titre que la marine marchande et la houille blanche.

Oslo,
carrefour des arts

Oslo, capitale et ville la plus peuplée de la Norvège, offre le visage d'une grande cité moderne : larges avenues et boutiques de luxe, buildings de verre et d'acier, universités, usines, installations portuaires modernes. L'hôtel de ville dresse les cubes de brique de ses tours au-dessus des quais ; à l'intérieur, des fresques colorées, des tapisseries et des

◄ *17 mai à Oslo : sourire, bijoux et costume folklorique célèbrent la fête de la Constitution.*
Phot. Koch-Rapho

▲ *La rive verdoyante du Nærøyfjord, un des bras de l'immense Sognefjord : les Norvégiens profitent des moindres échancrures dans les falaises abruptes des fjords pour y nicher quelques maisons.*
Phot. Roy-Explorer

peintures inspirées par l'histoire du pays — de la mythologie à l'époque contemporaine — laissent la même impression de vigoureuse vitalité que l'ensemble de l'édifice.

Oslo, qui a maintenant plus d'un demi-million d'habitants, n'en comptait pas dix mille au début du siècle dernier, avant le chemin de fer et la révolution industrielle. Pendant trois cents ans, jusqu'en 1924, elle s'appela Christiania, souvenir de l'emprise du Danemark et de son souverain Christian IV.

Le centre de la ville conserve quelques vénérables demeures en bois et des échoppes basses qui sont passées au travers des incendies et résistent encore à la rénovation urbaine. Vers 1300, le roi de Norvège Haakon V, ayant déplacé sa capitale de Bergen à Oslo, fit garder le fjord et sa personne en édifiant le château

◄

Art viking : tête de dragon sculptée, trouvée dans le tumulus d'Oseberg.
Phot. C. Lénars

fort d'Akershus (le nom complet est Akershus-festning og Slott) : un fier donjon — la tour du Casse-cou — et deux vastes cours ceinturées de bâtiments austères, de tours et de remparts. Plus tard, Christian IV remania la forteresse, dont il améliora les défenses et le confort ; les fenêtres furent agrandies à la mode Renaissance. Aujourd'hui, cependant, ni le mobilier de bois sculpté ni les tapisseries qui réchauffent les murs ne parviennent à dissiper la sévère impression que dégage la citadelle.

Par l'importance et la qualité de ses musées, Oslo est également un des premiers centres culturels de l'Europe du Nord.

En mourant, en 1944, Edvard Munch légua à la ville l'ensemble de son œuvre : plusieurs milliers de peintures, de dessins, d'études, etc. Au Munchmuseet (musée Munch), on peut

▲

Oslo : symboles de la vitalité norvégienne, les tours puissantes du Rådhuset (hôtel de ville) et les vigoureux personnages du bassin de la Rådhusplassen.
Phot. Martin-Guillou-C. D. Tétrel

suivre l'évolution de l'artiste : à ses débuts, les thèmes morbides — la mort, la maladie, l'angoisse — dominent ; puis l'instinct de vie reprend le dessus, la lumière et la couleur envahissent les toiles *(les Baigneurs, le Lever du soleil, la Montagne humaine)*.

La Nasjonalgalleriet (musée national des Beaux-Arts) est essentiellement consacrée à la peinture norvégienne, marquée du double signe de la nature et du romantisme : paysages, scènes paysannes, portraits. On y admire aussi des œuvres d'écoles étrangères, notamment une série d'icônes des XVe et XVIe siècles. Les statues de Rodin et de Maillol qui jalonnent les salles s'accordent bien avec ces œuvres respirant la force et la santé.

Aux portes d'Oslo, le Centre d'art contemporain Sonja Henie-Niels Onstad, installé en pleine nature, a été fondé pour favoriser la recherche artistique et permettre aux jeunes talents de s'exprimer. Le centre organise des concerts, des représentations théâtrales et chorégraphiques, et de nombreuses expositions dont les plus courues ont trait aux peintres abstraits, cubistes et surréalistes. L'originalité du bâtiment — il a la forme d'une main

ouverte —, le cadre verdoyant dont il s'entoure et le restaurant du centre sont autant de bonnes raisons de prolonger la visite.

Le parc Frogner offre la plus parfaite harmonie de statues dans un cadre naturel. Le sculpteur Gustav Vigeland (1869-1943) y a érigé un ensemble de groupes colossaux — hommes, femmes, vieillards, adolescents et enfants —, organisés autour d'une haute colonne monolithique faite d'un enchevêtrement de corps, expression primitive de la force de vie et d'une émotion non dépourvue d'humour ; l'atelier de l'artiste est maintenant transformé en musée.

Bygdøy
et les épopées océanes

Baignée par les eaux du fjord d'Oslo, la presqu'île de Bygdøy permet de contempler plusieurs authentiques navires qui, pilotés par d'exceptionnels marins norvégiens, connurent des aventures hors du commun : les bateaux vikings, le *Fram* et le *Kon-Tiki*.

▲
Le musée de plein air Maihaugen, à Lillehammer, groupe des maisons, des boutiques, des fermes, des écoles et des églises de diverses époques, provenant de la vallée du Gudbrandsdal.
Phot. Sallé-C. D. Tétrel

▲
Étonnant de grâce avec ses extrémités effilées, ce bateau de plaisance viking servit de sépulture à une princesse du IXe s. Déterré à Oseberg, il est maintenant à Oslo, au Vikingskipenemuseet de Bygdøy.
Phot. Koch-Rapho

la Norvège

3

massif, le Lysefjord annonce vertigineusement la « région des fjords » : à plus de 500 m à pic au-dessus des eaux, le Prekestol (la Chaire) attire les amateurs de sensations fortes.

Sur la côte ouest, jusqu'à Trondheim, les glaciers ont creusé et affouillé, il y a un million d'années, des vallées qui sont devenues des fjords : le climat se réchauffant, la glace a fondu, et la mer a pris sa place. Profonds parfois de plus de 1 000 m, comme le Sognefjord, s'insinuant dans les montagnes sur des dizaines de kilomètres, les fjords sont dominés par les flancs érodés du grand plateau scandinave. Les sommets ont gardé leur parure de neige, d'où filent torrents et cascades, fins rubans d'argent qui se jettent dans l'eau tranquille du fjord (cascades des Sept-Sœurs et du Voile-de-la-Mariée dans le Geirangerfjord).

Taillées dans le roc, les routes escaladent les parois granitiques par des lacets serrés, surplombant le bleu des eaux où se reflète le ciel et l'émeraude de celles où se mirent des forêts. Vus d'en haut, les grands navires et les ferries paraissent minuscules entre ces murailles où sévissent les *trolls*. Combien semblent rassurantes, dans un repli de la côte, les petites maisons colorées des pêcheurs !

Quelques villes ont réussi à se développer sur les langues de terre les plus basses : Ålesund, premier port de pêche de Norvège ; Molde, la populaire « ville des roses », où se déroule chaque année un festival de jazz ; Kristiansund, serrée sur ses trois îles reliées par des ponts.

▲
Au XVIIIe s., la « peinture à la rose », art spécifiquement paysan, à la fois robuste et délicat, couvrit meubles et murs de compositions florales de toutes sortes. (Détail d'un coffre, Kunstindustrimuseum d'Oslo.)
Phot. M. Levassort

Roses des neiges

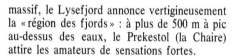

Une fois par an, cent mille spectateurs — dont la famille royale — se réunissent au pied du grand tremplin de Holmenkollen, à Oslo. C'est dans un silence poignant que chaque concurrent dévale la longue piste étroite, s'élance dans le ciel et atterrit en douceur, après avoir fendu les airs, couché sur ses skis, sur plus de cent mètres. Si la tradition du « dimanche de Holmenkollen » remonte à 1892,

celle du ski est beaucoup plus ancienne, comme l'atteste le petit musée aménagé sous le tremplin : les Vikings étaient skieurs, ainsi que leurs dieux ; on a retrouvé un ski vieux de 2 500 ans, et des gravures rupestres datant de quelque 4 000 ans montrent l'homme préhistorique chaussé de lattes de bois.

Aujourd'hui, le ski fait plus que jamais partie de la vie quotidienne des Norvégiens. Par nécessité ou par plaisir, on trace son chemin dans la blanche solitude des plateaux et des collines. Les pistes, souvent éclairées le soir, descendent jusqu'aux villes. Les familles partent en randonnée sur la neige, tirant les bébés sur des mini-traîneaux ; à peine les enfants savent-ils marcher qu'ils apprennent déjà à skier. Ici, le ski n'est pas un luxe : aucun frais de transport pour atteindre les pistes,

l'équipement de ski de fond est bon marché, et c'est à la force des mollets et des bras que l'on remonte les pentes. Communion avec la nature plus que performance sportive, le ski fournit l'exercice et la détente quotidienne à des corps qui ont besoin de mouvement.

En hiver, toute la Norvège est un champ de ski. Plateaux de Dovre, montagnes de Jotunheimen ou des Rondane, Sunnmore, Nordmore, Hemsedal... Dans les stations, les tracés de slalom, les pistes de luge et de curling, les promenades en traîneau ajoutent leurs attraits à l'ambiance simple et chaleureuse des chalets. Sur le miroir gelé du lac Mjøsa se déroule la course de patinage de vitesse la plus longue du monde : 190 km.

En été, on marche, on chevauche, on escalade. Des sommets dénudés, les versants

▲

Principal matériau de construction d'un pays forestier, le bois est souvent agrémenté de sculptures naïves. (Porte de ferme du Telemark.)
Phot. Roy-Explorer

▲

Eaux scintillantes cernées de cimes déchiquetées et de pentes immaculées : l'hiver donne au paysage norvégien un aspect un peu irréel, au charme envoûtant.
Phot. M. Guillard-Top

▲

Violoneux du Setesdal, région du sud de la Norvège, qui, grâce à un certain isolement, a conservé un folklore vivace.
Phot. M. Levassort

dévalent d'un seul jet vers des eaux bleues et lisses dont on se demande parfois s'il s'agit d'un lac, d'un fjord ou d'une large rivière. Le long des sentiers balisés, à travers les monts qui se succèdent indéfiniment comme les vagues de la mer, on déguste des airelles ou des myrtilles. Et on a autant de chances de rencontrer un renne ou un coq de bruyère que de croiser un autre randonneur.

Plaisirs des yeux et de l'esprit se conjuguent tout au long de la vallée du Gudbrandsdal. Grande bécassine et petit courlis, bruant des neiges et pluvier doré : tous les oiseaux se multiplient à loisir au sein de la réserve de Fokstmyra. Dans la charmante cité touristique de Lillehammer, le musée de plein air de Maihaugen recrée l'ancienne vie paysanne du Gudbrandsdal. Chaque maison a retrouvé le mobilier et les objets familiers de ceux qui y vécurent. Dans les ateliers reconstitués, des artisans travaillent encore avec les outils de jadis. Transporté dans le passé, le visiteur du XXᵉ siècle se sent un peu déplacé dans cet autre monde, face aux Norvégiennes en costume folklorique qui habitent le musée.

Même impression au Norsk Folkemuseum de la presqu'île de Bygdøy, à Oslo. Parmi les arbres, 150 maisons de bois, provenant de différentes régions, s'éparpillent comme si elles avaient toujours été là. La *stavkirke* (église en bois) de Gol a été réédifiée sur une hauteur. Des greniers sur pilotis (pour s'isoler des rongeurs et de l'humidité) s'abritent sous des toits herbus. Dès qu'on s'approche des bâtiments, on est fasciné par le travail artisanal du bois : sculptures des porches et peintures intérieures. Créée par des paysans pour des paysans, la peinture dite « à la rose » est un art véritablement populaire. Elle a fleuri dans les belles fermes du Telemark, du Hallingdal et du Gudbrandsdal pendant tout le XVIIIᵉ siècle. Auparavant, l'âtre central, qui couvrait tout de suie, rendait la décoration impossible. Quand la cheminée le remplaça, ce fut une éclosion de roses, des murs aux plafonds et des armoires aux brocs à bière. Entre les roses et les fleurs de toutes les couleurs, des chevaliers se battent, de vieilles légendes se déroulent.

Bergen,
un port entre des montagnes

Du Flløyfjellet, que l'on atteint par un funiculaire, ou du sommet de l'Ulriken, où l'on monte en téléphérique, on découvre Bergen dans toute son étendue. Entre ses sept montagnes et les ramifications de ses fjords, la vieille ville marchande s'est peu à peu glissée, montant à l'assaut des coteaux.

◀

Bergen est bâtie au flanc d'une montagne, et cette rue de la vieille ville, bordée de demeures en bois, est si raide qu'un escalier la double pour la commodité des piétons.
Phot. M. Guillard-Top

Fondée au XIᵉ siècle, ce centre de négoce était aussi la résidence des rois. Sa fortune naquit de la rencontre de la pêche et du commerce maritime : les pêcheurs de morue et les acheteurs de l'Europe traitaient leurs affaires à Bergen, qui demeura la cité la plus importante de Norvège jusqu'en 1830. Sa richesse excita la convoitise de la Hanse teutonique, véritable trust multinational, qui s'y installa au XIVᵉ siècle. De l'époque royale subsistent les remparts et la tour Rosenkrantz de la forteresse de Bergenhus, bien restaurés

après les bombardements de 1944. Près de la sévère demeure de pierre grise qui servait aux réceptions du roi Haakon au XIIIe siècle, la Mariakirken (église Sainte-Marie) dresse ses deux hautes tours carrées et sa large façade, qui ne sont pas sans rappeler les grandes cathédrales normandes : les Vikings avaient conquis la Normandie, et l'art roman avait franchi les mers sur leurs drakkars.

Bryggen (« le quai ») aligne les pignons hauts et pointus de ses maisons de bois. Leurs couleurs vives ou pastel évoquent le melon,

l'abricot ou la fraise, si rares ici. Le long de ce quai résidaient les marchands de la Hanse, dont le cadre de vie et l'activité sont fidèlement évoqués au Musée hanséatique : leurs livres de comptes y voisinent avec leurs pots à bière.

Au Fiskerimuseet (musée de la Pêche), au Bergens Sjøfartsmuseum (musée de la Marine) et à l'Aquarium, l'amoureux de la mer rêvera devant les modèles réduits de bateaux, les vieux engins de pêche, les cartes marines anciennes, les instruments de navigation en cuivre et les poissons de toutes les couleurs.

▲

Bergen : les hautes maisons à pignon triangulaire des marchands de la Hanse se dressent depuis le Moyen Âge sur Bryggen (le Quai), en bordure de Vågen (le Bassin).

Phot. Wagret-Fotogram

Aujourd'hui, la ville a acquis son indépendance et, si elle n'est plus que la deuxième de Norvège, elle garde une animation originale. Dans les grandes rues modernes, bordées d'immeubles de verre, et dans les étroites ruelles grimpant vers les montagnes règne le même mouvement : marins de passage en uniforme de tous les pays, pêcheurs burinés, ménagères affairées, étudiants athlétiques.

Car Bergen est également une ville universitaire. Ses laboratoires de recherches ont acquis la célébrité par la découverte du bacille de la

▶

Creusés par les glaciers puis envahis par la mer, les fjords entaillent la côte norvégienne de longs couloirs en cul-de-sac, aux murailles d'une hauteur souvent impressionnante. (Geirangerfjord.)

Phot. Martin-Guillou-C. D. Tétrel

9

lèpre et la création de la météorologie scientifique. Aujourd'hui, le commerce et les arts et métiers attirent les étudiants. Au musée des Arts appliqués sont exposées les plus belles créations de style « scandinave » dans les domaines du mobilier, des arts de la table et du textile.

Parallèle à cette tradition universitaire, la vie théâtrale et musicale est intense à Bergen depuis plus d'un siècle. Le compositeur Edvard Grieg vécut pendant vingt-deux ans aux environs de la ville. Il faut visiter Troldhaugen, sa maison de bois blanc et vert, à la véranda fleurie, dans un parc romantique, près d'un lac où il cherchait l'inspiration. S'appuyant sur la musique norvégienne traditionnelle, Grieg a su trouver un style très personnel, qui met *Peer Gynt* au niveau des plus grandes œuvres classiques. Durant le festival qui, chaque année, à la fin de mai et au début de juin, célèbre sa mémoire, des concerts de musique de chambre sont donnés à Troldhaugen, sur le piano même où Grieg composait.

Bergen est aussi très attachée aux traditions populaires : un Bergenois a réédifié aux environs de la ville, à Fantoft, une *stavkirke* du XIIᵉ siècle, et, dans le musée de plein air de Gamle Bergen, est reconstitué un village du temps passé. Un peu plus loin, à Fana, les soirs d'été voient revivre les anciennes coutumes : on danse, on mange, on vit comme jadis.

Pagodes du Nord,
les stavkirker

Négligées jusqu'au XIXᵉ siècle, soumises à toutes les dégradations, aux démolitions et aux incendies, les églises de bois n'étaient plus qu'une soixantaine lorsqu'on se rendit compte

▲
Cette Adoration des Rois mages, *haute en couleur et d'une touchante naïveté, est une tapisserie artisanale du XVIIᵉ s., provenant de la vallée du Gudbrandsdal. (Oslo, Kunstindustrimuseum.)*
Phot. M. Levassort

de leur valeur. Aujourd'hui, trente et une seulement, sur le millier que comptait la Norvège en l'an 1300, sont sauvegardées.

Étonnants édifices que ces églises en bois debout, avec leur superposition de toits pointus. Au sommet des pignons et des faîtages, des têtes de dragon repoussent les démons. Toits et murs sont couverts de bardeaux ressemblant aux écailles de quelque animal fabuleux.

La *stavkirke* doit son nom aux poteaux *(stav)* qui constituent l'ossature de l'édifice. Sur un châssis rectangulaire, fait de quatre énormes poutres, des poteaux fichés verticalement soutiennent les étages supérieurs. Aux extrémités des poutres, d'autres poteaux forment les montants des galeries latérales. Ce solide squelette de bois est souvent posé sur un socle de pierre, qui le protège de l'humidité et pallie les irrégularités du sol. Dans les rainures des poutres s'encastrent les palissades qui forment les murs. Le jour n'entre que par quelques petites lucarnes, situées au-dessus des toits inférieurs.

Les experts ne sont pas d'accord sur l'origine des *stavkirker*. Certains voient en elles le prolongement des *hov*, les temples païens. D'autres les considèrent comme « la transposition de la pierre au bois de la basilique romane, avec la marque du génie ». Peut-être ces deux hypothèses ne sont-elles pas incompatibles. Ce que l'on peut dire, c'est que le christianisme s'imposa en Norvège au XIIᵉ siècle, et que, dans ce pays pauvre, il était difficile de bâtir en pierre.

Paganisme et christianisme, influences locale et étrangère s'associent dans la décoration des *stavkirker*. Dans un entrelacs très oriental sinuent et s'enchevêtrent motifs floraux et animaliers : dragons ailés, gracieuses biches aux longues pattes fines, serpents qui n'en finissent pas, parmi lesquels se glissent des hommes, souvent prisonniers des crocs d'un monstre. Le lion et le serpent — symboles du bien et du mal — s'affrontent. Le marteau de Thor voisine avec la croix du Christ. Aux sculptures longilignes rappelant celles des drakkars répondent des chapiteaux de tradition latine. Entre les feuilles d'acanthe, venues d'Angleterre par l'intermédiaire des livres saints, s'ouvre l'œil cyclopéen d'Odin, le vieux dieu viking. Les portails racontent parfois des légendes païennes, comme celle de Sigurd le tueur de dragons, vieille de treize cents ans, sculptée à l'entrée de l'église de Hylestad.

C'est dans le sud de la Norvège, le long de la côte et dans les vallées de l'intérieur, que se trouvent les *stavkirker*. Certaines ont été démontées et réédifiées à Bergen, Oslo, Trondheim et Lillehammer. La plus grande est celle de Heddal ; avec ses trois tours élancées, son fouillis de toits presque verticaux et de pignons, elle est entièrement revêtue de bardeaux dorés par le temps. Celle, très simple, qui se dresse à Urnes, au-dessus du Sogndalsfjord, passe, avec celle de Borgund, pour l'une des plus anciennes. À la modestie de la première s'oppose la somptuosité de la

▶
Avec ses toits superposés, ses écailles, ses pignons sculptés et sa galerie couverte, la stavkirke de Borgund, construite vers 1150, est l'une des églises en bois qui font l'orgueil de la Norvège.
Phot. M. Levassort

seconde : six niveaux de toits à écailles, des dragons au long cou arrondi, une galerie couverte, un lanternon extravagant... À Uvdal et à Nore, une colonne centrale isolée tranche avec la structure très ordonnancée des autres *stavkirker*. Celle de Torpo, verticale à l'extrême, sombre et pure, s'oppose à celle de Gol (aujourd'hui à Bygdøy), la plus « chinoise » de toutes par la régularité de ses étages de toits.

Olav le Saint, roi des Norvégiens

La Norvège centrale, près de Trondheim, fait la transition entre les hautes montagnes du Sud, entaillées de fjords, et les grands espaces vierges des provinces du Nord. Les sommets de l'intérieur s'écartent pour faire place à de vastes moutonnements, couverts de landes marécageuses et de forêts, semés de lacs poissonneux, sillonnés de rivières à saumons et à truites. Pays de randonnées à pied et à cheval : les sentiers balisés cheminent à l'infini dans les collines et sur les plateaux ; on fait étape dans les refuges des parcs nationaux, situés à moins d'une journée de marche les uns des autres.

Bordé de fermes prospères et de grasses prairies, de grandes exploitations forestières et de sages cités industrieuses, le fjord de Trondheim entaille largement les terres, dessinant des anses et des pointes sauvages. Sur la côte, récifs et îlots alternent avec les plages, et d'étroites bandes de terre s'étirent en presqu'îles au milieu des eaux calmes.

Dans cette région vivait, à l'âge de pierre, une population relativement importante, qui nous a laissé des gravures rupestres particulièrement nombreuses, vieilles de plus de quatre mille ans : animaux vus de profil, gravés d'un seul trait dans le roc, tel le fameux renne de

Bøla, qui a quelque six mille ans. À l'âge du bronze, les hommes se tournèrent vers la mer et, sur la pierre, les bateaux remplacèrent les scènes de chasse.

Vers l'an 1000, l'histoire du Trøndelag se mêle étroitement à celle d'Olav le Saint. Meneur d'hommes énergique et rusé, ce Viking combattit avec succès Suédois et Danois, fit des ravages en France et en Espagne, puis se convertit au christianisme et fut appelé en songe, dit la légende, à devenir roi de Norvège. C'est sur l'eau — domaine où Olav, élevé par un navigateur, montrait ses plus grandes qualités tactiques — qu'il élimina, avec une poignée de compagnons aguerris, l'imposante armée de son principal opposant. Devenu Olav II, le roi très chrétien s'installa à Nidaros (l'ancien nom de Trondheim) avec son conseiller, l'évêque Grimkell, et consacra des années à évangéliser la Norvège. Cependant, ses adversaires s'organisèrent contre son autorité trop rude. Le 29 juillet 1030, à la bataille de Stiklestad, l'armée royale fut submergée et Olav périt. Aussitôt, les miracles se succédèrent, et le roi défunt fut considéré comme un saint. Résidence royale, siège de l'épiscopat et lieu de pèlerinage, Nidaros devint, pour plusieurs siècles, la capitale de la Norvège.

La Nidarosdomkirken, la cathédrale de Trondheim, symbolise cette période éclatante et le rôle de centre religieux joué par la ville. Édifiée au XIIe et au XIIIe siècle sur l'emplacement d'une modeste église ayant abrité les reliques de saint Olav, la cathédrale a traversé les siècles malgré les incendies et les pillages. Ce grand édifice gothique n'a pas son pareil dans toute la Norvège. Sur la large façade s'étagent trois niveaux de niches étroites, abritant des statues. Au-dessus, deux puissantes tours carrées, fendues de longues baies géminées, se parent de clochetons. Parfaitement symétrique, l'ensemble est d'une majesté un peu écrasante. À l'intérieur, la longue nef s'élance vers la voûte sur ses hauts piliers fuselés ou torsadés, aux chapiteaux à crochets. L'octogone du chœur, librement inspiré du sanctuaire de Canterbury, a laissé toute sa fantaisie à l'imagination des tailleurs de pierre ; dans le puits de Saint-Olav, alimenté par une source miraculeuse, les pèlerins ont, pendant des siècles, jeté leurs aumônes. Communiquant avec le chœur, la petite chapelle de la Vierge, romane à l'extérieur, gothique à l'intérieur, laisse une impression d'harmonie.

De son ancienne activité portuaire, Trondheim, qui n'est plus que la troisième ville de Norvège, a gardé de curieux entrepôts sur pilotis. Det Kungliga norske videnskabers selskab museet résume le passé de la région depuis les temps préhistoriques : pierres gravées, trésors vikings, souvenirs du duc d'Orléans (qui devint roi de France sous le nom de Louis-Philippe), collections d'art religieux.

À la sortie de la ville, le musée d'Histoire de la musique de Ringve présente de magnifiques instruments anciens, en situation dans des pièces meublées comme au temps de Mozart, de Chopin ou de Beethoven, où ils ne sont pas

▲
Aux alentours de Trondheim, bien avant le règne des Vikings, des hommes préhistoriques gravèrent dans le roc des silhouettes et des signes mystérieux.
Phot. M. Levassort

▶
La grande cathédrale de Trondheim, construite pour abriter les cendres du roi Olav le Saint, apôtre et libérateur de la Norvège, est un des plus beaux édifices gothiques de Scandinavie.
Phot. Martin-Guillou-C. D. Tétrel

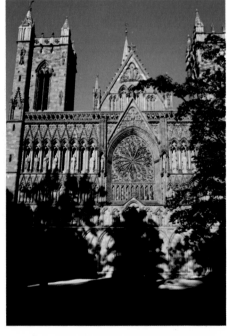

réduits à l'état de simples natures mortes. En remontant le fjord, on atteint la grande église de Værnes, d'inspiration anglo-normande, surtout célèbre pour son retable et sa chaire en bois sculpté polychrome du XVIIᵉ siècle.

Au sud du Trøndelag, la cité minière de Røros ne présente pas le triste aspect des alignements de corons, mais de pimpantes maisons où dominent le rouge et le brun. Ces couleurs, fabriquées avec un sel de cuivre qui protège le bois, se retrouvent tout au long de la « route du cuivre », qui pénètre en Suède jusqu'à Falun. Groupée autour de son église claire et spacieuse, la ville a gardé l'aspect qu'elle avait au XVIIᵉ siècle. Le musée de Røros évoque l'histoire et la tradition minière de la cité depuis les débuts de la ruée vers le cuivre, qui déferla sur la région à partir de 1644.

Dernière étape avant les provinces du Nord, Mo i Rana est aussi une attrayante ville minière. Les grottes de Grønli attirent par leur labyrinthe, leurs lacs souterrains et leurs cascades. Près de Mo, les énormes langues de glace du Svartisen, le plus grand glacier de Norvège, annoncent l'empire de la nature brute qui règne au nord du cercle polaire.

Au pays des jours les plus longs

Un simple bloc de pierre à l'échelle humaine, surmonté d'un assemblage d'anneaux figurant la Terre et portant une inscription dont les caractères évoquent l'ancienne écriture runique : ce petit monument marque le passage du cercle polaire. Rude et pur comme ces terres extrêmes où le Soleil ne se couche pas pendant plusieurs mois, où l'hiver appartient à la nuit.

De la mi-mai à la fin de juin, la Terre, inclinée sur son axe, présente constamment au Soleil sa calotte septentrionale. Le soir, le Soleil, parvenu à l'ouest, repart vers l'est au-dessus des eaux. Indiquant le nord à minuit, il embrase le paysage d'une lumière fantastique ; les montagnes dont les silhouettes noires marquent la limite entre le ciel et la mer s'enflamment de rouge et d'orange. Est-ce le vent léger qui court sur la Norvège, la température somme toute peu élevée, ou l'émotion suscitée par cet instant magique ? Plus d'un frissonne quand le Soleil frôle lentement

▲
Au-dessus des entrepôts sur pilotis de Trondheim pointe la flèche acérée de la tour-lanterne qui couronne le toit vert de la cathédrale.
Phot. D. Blouin

la Norvège

15

l'horizon. Peu à peu, la lumière change. Insensiblement, le crépuscule devient aube, les oranges pâlissent, les teintes fauves s'estompent en pastel. Avant mai, ou au-dessous du cercle polaire, le soleil disparaît, mais éclaire la nuit d'une lueur incertaine.

L'hiver, le phénomène inverse se produit. Jours et nuits se succèdent sans que le Soleil se montre. Parfois, les draperies verdâtres d'une aurore boréale traversent l'irréalité de cette nuit sans fin. Dans ce monde obscur, les villes étincellent d'une profusion d'éclairage. Symbole de la lutte acharnée de l'homme contre les ténèbres, la « cathédrale des neiges » de Tromsø illumine la grande nuit polaire de ses mille vitres, serties dans le béton de l'architecture triangulaire.

Autant l'hiver et l'été semblent ne jamais devoir prendre fin, autant le printemps paraît fugace dans son éclosion brutale : fonte des neiges, éclat des bourgeons et graine de folie. La fête du retour à la vie, qui coïncide avec Pâques, est, dans toute la Norvège du Nord, l'occasion de joyeux rassemblements.

Population traditionnelle de ces régions, les Lapons maintiennent une culture millénaire, qui n'est pas seulement folklorique. Leur langue, leurs chants rythmés *(joik),* le travail artistique du bois, du métal et de la corne, l'organisation particulière de la famille et de la vie communautaire caractérisent l'ethnie *same,* qui possède aujourd'hui son institut à Kautokeino, sa bibliothèque à Karasjok et son musée à Tromsø. Jadis, les Lapons, ou Samer, exploitaient les forêts et élevaient des rennes. Aujourd'hui, la plupart d'entre eux sont fixés

dans les villes minières ou portuaires. À travers leur changement de situation, ils s'acharnent à sauvegarder leur personnalité. Le costume lapon a franchi toutes les frontières : bonnet de feutre à triple pointe, ou orné d'un énorme pompon rouge, veste aux couleurs vives, à parements multicolores, douillets chaussons de peau de renne.

Quelques centaines de familles nomades poursuivent l'élevage du renne qui, d'animal de

▲

la Norvège

16

trait, est devenu bête de boucherie. Au printemps, avant la transhumance, ces Lapons se retrouvent à Kautokeino, au cours de grandes fêtes où l'on organise des courses de rennes et où l'on se marie. L'été, les troupeaux transhument de la toundra vers la côte, traversant parfois des bras de mer à la nage pour gagner les pâturages plus verts des îles.

Le continent européen prend fin au cap Nord. Maint voyageur tient à fouler du pied

◀

Bien que la plupart des Lapons soient aujourd'hui sédentaires, quelques-uns mènent encore la vie nomade de leurs aïeux, habitant sous des tentes coniques et se déplaçant au fil des saisons.
Phot. Serraillier-Rapho

cette abstraction des géographes et entreprend un long périple à travers les vallonnements sans fin de la toundra. Ce grand espace vierge, où vivent l'ours brun, le lynx et le glouton, cette végétation basse — bruyères parsemées d'arbres nains, tapis de mousse qui s'avancent traîtreusement sur les marais —, les lacs aux limites incertaines, le silence qui pèse sur ce désert inspirent une mélancolie mêlée d'angoisse qui tourne à la fascination. En sep-

▲

Montagneuses, déchiquetées, les îles Lofoten sont un paradis pour les pêcheurs, et beaucoup d'amateurs viennent se joindre aux professionnels pour traquer harengs et morues. (Austvågøy vue de Vestvågøy.)
Phot. Martin-Guillou-C. D. Tétrel

tembre, les arbustes de la toundra rougeoient de toutes leurs feuilles : c'est la féerie de la *ruska*.

En route pour le cap Nord, on ressent ce qu'on avait mal compris sur la carte : les distances interminables, la solitude des contrées situées au nord du cercle polaire. On fait étape à Hammerfest, grand port de pêche entièrement reconstruit après les destructions de 1944. D'un promontoire voisin, on regarde le

la Norvège

17

soleil de minuit illuminer la mer, la ville et les îles. Un dernier bac, une dernière île, et l'on atteint le cap Nord, où le plateau dénudé du Finnmark plonge dans la houle de l'océan Glacial Arctique par une falaise de 300 m.

Grands oiseaux et gros poissons

Avant-garde du continent, les îles Lofoten et Vesterålen allongent leur sombre barrière montagneuse entre la péninsule scandinave et la mer de Norvège.

Oiseaux de mer, oiseaux terrestres et oiseaux migrateurs se retrouvent aux Lofoten. Bien sûr, les premiers sont de loin les plus nombreux. Par millions, pingouins et guillemots se serrent, aile contre aile, dans les creux des falaises. Les peu farouches macareux se dandinent sur les rochers de Røst et de Værøy. Des escadrilles de mouettes sillonnent le ciel, prêtes à fondre sur les bancs de poissons. Plus terre à terre, le cormoran étend ses grandes ailes sur les rochers quand il sort de son bain. Même le fugace pétrel trouve aux Lofoten assez de tranquillité pour pondre. Sans doute la prolifération des oiseaux s'explique-t-elle par l'abondance du poisson. Au XIᵉ siècle, la morue des Lofoten était déjà dégustée à la cour d'Angleterre. Aujourd'hui, elle est toujours appréciée des habitants de l'archipel, qui tirent leurs revenus du poisson et des visiteurs venus louer de modestes cabanes de pêcheurs.

▲
Cap Nord : le soleil de minuit baigne d'une lumière crépusculaire la mer de nuages qui dissimule l'océan Glacial Arctique.
Phot. D. Blouin

Entre le chapelet d'îles qui prolonge les Lofoten jusqu'au cap Nord, dans les replis de la côte, sous les «falaises aux oiseaux», l'*Express côtier* se faufile à l'abri des tempêtes. Cet omnibus — il ne s'agit pas d'un train, mais d'un bateau — dessert tous les lieux habités de la côte jusqu'à Kirkenes, aux confins de la Russie. Relayant le train, qui s'arrête au terminus de Bodø, et la voiture qui n'en finit pas de sinuer et d'escalader, il contourne aisément les montagnes. L'avion, lui, les enjambe.

De Bodø à Hammerfest, en passant par Stamsund au pied de son rocher, Tromsø et Øksfjord, villes et bourgades émaillent, de loin en loin, les contours et les détours du littoral. Dans chacune on retrouve, en guise de toile de fond, un archipel fermant la baie, un pont jeté sur un bras de mer, la rive opposée du fjord — puissantes collines boisées de sombre où s'accrochent les nuages, abrupts où s'étirent des coulées de neige.

À côté de ces eaux côtières plutôt tranquilles, le goulet du Salstraumen paraît encore plus effrayant : près de Bodø, un étroit passage laisse échapper, à marée descendante, l'énorme reflux du Skjerstadfjord, long de 40 km. L'eau qui se bouscule crée un violent tourbillon où plus d'un navire s'est englouti. Des entonnoirs de dix mètres de profondeur se creusent parfois, où l'air tournoie en mugissant.

Au débouché des îles Lofoten, Bodø, modeste bourgade il y a un siècle, a profité du développement de la pêche au hareng. C'est aujourd'hui un centre administratif moderne, dont les conserveries expédient leur production dans le monde entier. Tout naturellement, le musée de Bodø, le Nordlands Fylkesmuseum, fait une large place à la pêche : harpons préhistoriques, maisons de pêcheurs, répliques et maquettes de bateaux, objets sculptés par des marins.

Le domaine du poisson se poursuit à l'intérieur des terres. On vient de très loin pêcher le saumon dans le nord de la Norvège. L'été, l'amateur n'a que l'embarras du choix entre la large Tana, l'Alta et cent autres rivières à saumons et à truites saumonées, plus quelques milliers de lacs. Seul ou accompagné d'un guide, il quitte à l'aube son auberge du Finnmark et remonte en canoë lapon une rivière aux vastes méandres, vers les espaces sans limites de la toundra, où l'attend le poisson de ses rêves : truite de 5 kg ou saumon de 20.

Ultimes terres sauvages

L'été, l'*Express côtier* quitte Hammerfest une fois par semaine à destination de l'archipel norvégien du Svalbard, dont le Spitzberg constitue l'essentiel. Falaises peuplées d'oiseaux, montagnes glacées hautes de plus de 1 500 m, fjords étroits, encore gelés au mois de mai. Les glaciers glissent du haut des sommets jusqu'à la mer de Barents. Arrivés là, ils se brisent et amerrissent avec un bruit de tonnerre, dans un

grand jaillissement d'écume : ils sont devenus icebergs.

On pense que le Spitzberg fut découvert au XIIᵉ siècle, oublié, puis redécouvert en 1596 par le Hollandais Willem Barents. À l'époque lucrative et dévastatrice de *Moby Dick,* les baleiniers de tous les pays exterminèrent les grands cétacés au fond des fjords avant de se retourner contre ceux de la mer libre. Aujourd'hui, la loi protège les espèces menacées de disparition et réglemente la chasse à la baleine, à l'ours blanc et au phoque. Mais deux ou trois dizaines de trappeurs partent encore en hiver à la recherche du renard bleu. Ni hôtels ni routes : on se déplace en traîneau, tiré par un attelage de chiens. Sur ce *no man's land* de 62 000 km² ne vivent que 3 000 habitants, la plupart mineurs, creusant sous la neige de sombres galeries, et quelques savants poursuivant l'exploration de l'île. Le charbon est acheminé par bateau, quand la mer consent à desserrer son étreinte de glace.

La côte nord de la Norvège bénéficie au contraire, grâce au Gulf Stream, d'un climat relativement doux pour sa latitude (la même que celle de l'Alaska). Si la température de l'air descend couramment au-dessous de − 10 ⁰C en hiver, la glace bloque rarement les ports. C'est la raison de l'importance de Narvik, théâtre de violents combats en 1940, par où transitent les millions de tonnes de minerais norvégiens et suédois. L'exploitation du sous-sol constitue, en effet, l'une des principales ressources des provinces du Nord : grandes ardoisières d'Alta, mines de fer de Kirkenes, cuivre de Sulitjelma, marbre de Fauske.

Dans les innombrables découpures du littoral, au fond des fjords et dans les échancrures des îles, de petits bateaux tanguent sur l'eau tranquille : une pêcherie au milieu d'une poignée de maisonnettes peintes de couleurs vives. C'est de Vardø, dernier de ces lieux habités avant le «néant arctique», que Nansen s'embarqua, en 1893, sur le *Fram*. La petite forteresse de Vardøhus, dont l'origine remonte au XIIIᵉ siècle, a été reconstruite au XVIIIᵉ ; quelques bâtiments bariolés, abritant un musée historique, s'enchâssent dans une étoile de remparts, précédée de larges fossés qu'entoure un glacis vert. Tout près de là, on a retrouvé des traces d'habitat humain remontant à 9 000 ans av. J.-C., une nécropole lapone de l'époque viking et des lieux de sacrifice antérieurs à l'évangélisation de la Laponie.

Dans ce tissu humain extrêmement ténu, où les villes réunissent rarement 5 000 âmes, Tromsø, avec ses 45 000 habitants, apparaît comme la capitale de la Norvège du Nord. La statue d'Amundsen veille sur cet ancien port baleinier et phoquier, «porte de l'Arctique» qui, en 1863, vit partir Elling Carlsen pour le premier tour du Spitzberg. Débordant l'île qui l'a vu naître, la ville rejoint le continent par un viaduc de plus d'un kilomètre de long, qui plonge ses longues jambes de béton dans le bras de mer et se soulève au centre pour laisser passer les plus gros navires. Ville universitaire depuis peu, cité culturelle depuis longtemps,

Tromsø possède d'intéressantes collections scientifiques, consacrées au monde arctique et aux Lapons. L'observatoire des aurores boréales étudie dans l'ionosphère les grandes draperies qui, l'hiver, se déploient sous la voûte étoilée.

Tromsø connaît actuellement un développement « à l'européenne ». Les gros chalutiers hauturiers, supplantant les petits bateaux qui pêchent au bord des côtes, déversent leur cargaison dans de modernes installations de congélation et de conditionnement. Mais cet essor tout neuf soulève la contestation et divise l'opinion. La migration des ruraux vers les villes pourrait, à longue échéance, faire des grands espaces du Nord un désert total. Si les nouveaux citadins s'expriment en bon riksmål, le fond des fjords retentit toujours du rude patois landsmål. Lors du référendum de 1972, le Nord s'opposa massivement à l'entrée de la Norvège dans la Communauté européenne. Se sentant menacé, le particularisme régional réagit vivement au moment où l'État, qui s'apprête à exploiter à grande échelle le pétrole de la mer du Nord, va modifier en profondeur les structures, l'écologie et le style de vie de la Norvège ■   Monique FAURÉ

▲
Spitzberg : des aiguilles rocheuses aiguës et un fleuve de glace font du Magdalenafjord un site d'une sauvage grandeur.
Phot. Everts-Rapho

▶
Près de Molde, entre Bergen et Trondheim, la large nappe d'eau argentée du Romdalsfjord.
Phot. M. Levassort

le Danemark

Trois grandes îles et quelques centaines de petites, posées comme des traits d'union entre la péninsule scandinave et le continent, une presqu'île qui s'avance résolument dans les mers : le Danemark disperse au milieu des eaux un territoire huit fois plus petit que la Norvège ou la Finlande, mais plus peuplé que chacune d'elles. Comment 5 millions d'habitants arrivent-ils à vivre — et même à bien vivre — sur ces terres peu fertiles, sans ressources minières ? Mystère que les Danois pourraient éluder par une boutade : « Venez voir ! ».

Il faut effectivement faire la connaissance de ce pays qui culmine à 173 m, offre une multitude de paysages, des landes sauvages du Jutland (Jylland) aux vergers fioniens, des beaux champs de blé seelandais aux blanches falaises de Møn, pour comprendre ce savoir-vivre sans cérémonial, cet humour sans méchanceté qui

s'exerce davantage vis-à-vis de soi-même qu'au détriment des autres, ce goût de la vie généralisé qui faisait pourtant si cruellement défaut à Hamlet et à Kierkegaard.

Vieilles cités
sous le vent de la lande

Le long de la côte ouest du Jutland, les tempêtes de la mer du Nord viennent se briser au pied des dunes, sur de longues plages de sable fin qui s'étendent sur des dizaines et des dizaines de kilomètres. Il faut gravir les 264 marches du phare de Nørre Lyngvig pour embrasser du regard l'immensité mélancolique qui se développe à l'infini, sous un ciel où

◄

▲ *Vieux moulin et ferme à toit de chaume : le décor « idyllique » de Langeland, une des nombreuses îles de l'archipel fionien.*
Phot. Kanus-Atlas-Photo

Imaginée par l'écrivain Andersen, matérialisée par le sculpteur Eriksen, la Petite Sirène est devenue l'emblème de Copenhague.
Phot. Martin-Guillou-C. D. Tétrel

courent les nuages chargés de pluies de l'océan.

Passé le cordon de dunes, les grands espaces deviennent des landes teintées de bruyères ; quelques villages de brique écarlate, pointant leur clocher de granite blanchi à la chaux, planté là depuis huit siècles, accrochent le regard. Vers le sud, près de Tønder, l'horizontalité du paysage atteint à la perfection : polders quadrillés de canaux, gagnés sur la mer par la patience de l'homme ; marais peuplés d'oies et de canards sauvages.

Vers l'est, au contraire, la campagne s'anime de collines. C'est la région des « montagnes du Danemark », dont l'altitude dérisoire fait sourire les voisins norvégiens. Du haut de l'Yding Skovhoj (173 m), la vue porte jusqu'à la Baltique par-dessus cette aimable contrée de champs, de bois et de landes, parsemée de fermes, ponctuée de lacs, sillonnée de rivières poissonneuses comme la Gudenå.

Au nord de Viborg, les vertes collines font place au sable pâle, aux landes et aux bois du Himmerland. Puis l'eau envahit le paysage : c'est le Vendsyssel, ses terres basses et ses prairies. Au-delà du port de pêche très actif de Skagen, le Jutland se resserre entre les détroits du Skagerrak et du Kattegat, les dunes de l'est et de l'ouest se rejoignent et s'avancent au milieu des flots houleux où crient mouettes et cormorans : c'est la pointe tourmentée de Grenen, qui attire peintres et artistes et où le poète Drachmann voulut être inhumé.

Les 180 km du Limfjord, qui traverse la péninsule de part en part, isolent le Nord-Jutland du continent. À l'est, c'est d'abord un chenal sinueux qui s'ouvre dans le Kattegat. Puis le Limfjord s'élargit en vastes lacs avant de devenir lagune et de rejoindre le royaume des tempêtes par la romantique passe de Thyborøn, où les eaux du ciel, de la mer et du fjord marient leurs nuances pastels à celles des dunes et des prairies spongieuses. Au beau milieu du Limfjord, la grande île Mors, née d'un volcan, dresse de blanches falaises au-dessus des eaux tranquilles.

Les dunes et les landes de l'Ouest ont vu pousser comme des champignons, ces dernières décennies, de dynamiques cités modernes : Herning, la « capitale de la lande » ; Esbjerg, devenue le premier port danois sur la mer du Nord ; Silkeborg, dont le Kunstmuseum (musée d'Art) fait une large place aux peintres expressionnistes du groupe Cobra.

De Tønder à Skagen, de Ringkøbing à Viborg et Grenå, les villes anciennes du Jutland conservent des centres tortueux où les vieilles maisons, restaurées avec amour, parent leurs façades de colombages et avancent leurs encorbellements au-dessus de rues étroites. Århus a reconstitué, dans un parc de la ville, des ateliers, des échoppes, l'extérieur et l'intérieur de maisons caractérisant l'habitat urbain traditionnel du Danemark. Le musée de Tønder réunit les souvenirs de l'ancienne activité de la ville, qui fut prospère et fameuse grâce à ses artisans, ses orfèvres et surtout ses dentellières. Ålborg associe l'élégance du passé — l'hôtel Renaissance du riche armateur Jens Bang — et le luxe moderne du Nordjyllands Kunstmuseum, tout en marbre de Carrare.

L'édification de la cathédrale de Ribe, commencée en 1140, se poursuivit au fil des siècles, en dépit des ravages du feu et de l'eau. Bâtie en tuf du Rhin et en brique, cette grande nef romane est marquée par le gothique. Le transept sud s'ouvre par un portail magnifiquement sculpté (Descente de Croix). La tour carrée qui domine l'édifice fut ajoutée au XIIIe siècle pour servir de donjon. Dans la ville, l'activité moderne s'éloigne du centre pour laisser aux vieux quartiers leur charme médiéval : le port, où une colonne indique les crues de la rivière, la maison de Hans Tausen, devenue musée d'histoire locale, les cloches de la cathédrale qui jouent l'air de la bonne reine Dagmar, le veilleur de nuit qui effectue sa ronde exactement comme par le passé...

Le fameux chaudron de Brå

Dans un cadre bucolique, le Danemark dissémine près de 2 000 églises rurales construites entre le XIe et le XIVe siècle. Elles sont faites de solides blocs de granite ou de galets, quelquefois de briques ou de tuf, à l'image de la cathédrale de Ribe. Les fresques qui les décoraient jadis à profusion, recouvertes d'un badigeon après la Réforme, ont vu leurs couleurs éclatantes réapparaître grâce aux soins attentifs des restaurateurs. Leurs thèmes préférés : des scènes de la vie de Jésus et des saints, des animaux fantastiques, des bêtes féroces, ou encore des cavaliers au combat, en habit danois du Moyen Âge, comme à Hornslet et Aal. D'allure souvent modeste, ces églises rurales cachent des trésors d'art religieux, tels les fonts baptismaux romans, ornés de lions, ou l'autel en bois doré de Sahl, qu'un des artistes de la cathédrale de Ribe sculpta au XIIIe siècle.

Les vestiges de périodes encore plus lointaines sont nombreux au Jutland. Dans les tourbières, les acides sécrétés par l'humus ont empêché la désagrégation des corps, et l'on a retrouvé presque intacts des défunts millénaires, parfois enfermés dans un cercueil de chêne : la cruelle reine Gunhild, près de Jelling ;

Histoire
Quelques repères

1200-1500 av. J.-C. : objets en ambre, monuments mégalithiques.
1500-400 av. J.-C. : lurs (trompes en bronze), chars, bijoux.
400 av. J.-C.-800 apr. J.-C. : invasions et grandes migrations.
VIIIe-XIe s. : les Vikings danois se répandent en Angleterre et en Normandie.
IXe-XIIIe s. : évangélisation par Ansgar, construction des églises, unification et extension du royaume.
1397 : la reine Marguerite impose l'Union de Kalmar, plaçant la Norvège et la Suède sous la domination du Danemark.
XVIe s. : la Réforme ; le Danemark devient protestant ; prospérité économique ; la Suède quitte l'Union.
XVIIe s. : conflit avec la Suède ; guerre de Trente Ans ; monarchie absolue.
1788 : réforme agraire ; les paysans deviennent propriétaires.
1814 : le Danemark, qui s'était allié à Napoléon contre l'Angleterre, doit céder la Norvège à la Suède ; crise économique.
1848-1864 : affaire des Duchés ; le Slesvig-Holstein cédé à Bismark.
Fin du XIXe s.-début du XXe s. : libéralisation de la monarchie, développement de l'agriculture et de l'industrie.
1940-1945 : occupation allemande.
1972 : le Danemark entre dans la Communauté européenne.

▲

Près de Skagen, à la pointe septentrionale du Danemark, les dunes mouvantes ont englouti la Tilsandede kirke (église ensablée), ne laissant dépasser que le clocher.
Phot. Gerster-Rapho

la « jeune fille » d'Egtved, en blouse et jupon ;
l'homme de Tollund, étranglé il y a 2 000 ans,
conservé au Stadsmuseum de Silkebord, et
l'homme de Grauballe, égorgé, pièce maîtresse
du musée de Moesgård, près d'Århus, sans
doute victimes, l'un et l'autre, de sacrifices
rituels... Au total, plus de 200 corps ont ainsi
été découverts.

Le musée d'archéologie de Moesgård abrite
également le fameux chaudron de Brå, datant
de l'âge du fer, et la copie de cornes d'or
gravées du Ve siècle, découvertes près de Tønder et volées en 1802. Dans le parc du musée,
le « sentier préhistorique » mène à des reconstitutions de demeures de l'âge du bronze et de
l'âge du fer.

Aux environs de Viborg, les archéologues
dégagent les restes de villages habités dès l'âge
de la pierre ; ils ont mis au jour une forteresse
des Cimbres, peuple antique probablement issu
du Himmerland.

À Jelling, première ville royale du Danemark,
près des tumulus du roi Gorm et de la belle
Thyra, son épouse, reliés par un symbolique
cordon de pierres, Harald Dent bleue a dressé
une pierre runique qui célèbre la conversion du
Danemark au christianisme, dans les dernières
années du Xe siècle.

La forteresse viking d'Aggersborg, construite
sur un plan géométrique comme celle de Trelle-
borg, en Seeland, remonte au temps où les
puissants drakkars danois faisaient la conquête
de l'Angleterre.

Près d'Ålborg, dans le cimetière viking de
Nørresundby, on a dénombré près de 700 sépultures. Les riches étaient incinérés dans leurs
bateaux, les pauvres étaient entourés de pierres
évoquant la forme d'un drakkar. Des pièces
de monnaie originaires des bords de l'Eu-
phrate témoignent de l'ampleur des déplacements vikings.

Châteaux en Seeland

Principale île du Danemark, la Seeland (Sjæl-
land) est le cœur historique du pays. Ses terres
fertiles ont attiré tôt les hommes, dont il reste
des traces d'habitat de toutes les époques : villages de l'âge du fer, forteresses vikings, bourgs
médiévaux, églises peintes, manoirs Renaissance, demeures baroques et rococo.

Tout naturellement, les rois y avaient leur
demeure. Symbole de la puissance de la couronne, Frederiksborg vit naître Christian IV
(1577), qui remplaça le vieux manoir par le
château actuel, et, à partir de Christian V,
servit de cadre à la cérémonie du sacre jusqu'au XIXe siècle.

Frederiksborg s'étend sur trois îlots. Le premier forme avant-cour avec les communs ; le

◀

*Dans la nécropole viking de Lindholm Høje, près
d'Ålborg, on a découvert des centaines de sépultures
entourées de cercles de pierres évoquant la forme d'un
navire.*
Phot. Spiegel-Rapho

▲

*Elseneur : le château Renaissance de Kronborg a
remplacé, au XVIe s., la farouche forteresse battue par
les flots où Shakespeare avait abusivement situé l'histoire d'Hamlet.*
Phot. Lessing-Magnum

second, avec ses frontons, ses arcades et sa fontaine de Neptune, ouvre la perspective sur le troisième, qui porte le château proprement dit : trois corps de bâtiments en grès et brique entourant la cour d'honneur. Depuis 1878, le château, devenu musée, raconte la grande histoire du Danemark.

Par un passage secret, décoré en trompe-l'œil, on gagne la salle du Conseil, remarquable échantillon de style baroque. On peut encore voir la Bible de Christian III, datant de la Réforme, et le manuscrit des *Souvenirs douloureux* de Leonora Christina, fille de Christian IV, séquestrée pendant plus de vingt ans par ses rivaux. La chapelle, avec ses arcades et sa loge royale, associe l'ébène et l'argent

ciselé dans la chaire, le maître-autel et même les touches du grand orgue.

Résidence royale depuis le XVIII⁰ siècle, Fredensborg retient aussi par l'attrait de son magnifique parc, qui, en l'absence des souverains, est ouvert à tous. C'est d'ailleurs le cas de la plupart des grands domaines danois : qu'ils soient publics ou privés, chacun peut s'y promener librement le dimanche.

À la pointe orientale des terres danoises, le château de Kronborg, près d'Elseneur (Helsingør), a remplacé une forteresse battue par les flots, édifiée par Eric de Poméranie pour garder le détroit entre le Danemark et la Suède et

▲

Quatre dragons entremêlent leurs queues pour former la flèche torsadée de la Bourse de Copenhague, bâtiment orné à profusion de pignons, de sculptures et d'incrustations de grès.
Phot. Everts-Rapho

prélever un péage sur les navires qui le franchissaient. C'est dans ce décor romantique que Shakespeare situa les rêveries métaphysiques de *Hamlet*. Le château actuel, construit à la fin du XVI⁰ siècle, dresse fièrement ses flèches dorées et ses tourelles au toit verdi au-dessus des eaux souvent brumeuses.

Dans la Domkirke (cathédrale) de Roskilde sont ensevelis tous les souverains danois depuis Marguerite I⁰ʳᵉ ; les gisants et les sarcophages reposent sous les hautes flèches des deux tours de brique. Un beau musée moderne se mire dans le fjord : cinq bateaux — navires marchands et drakkars de guerre —, immergés par les Vikings pour barrer le fjord de Roskilde, sont exposés, accompagnés de films explicatifs sur leur construction et leur récupération après une dizaine de siècles passés sous les eaux.

Conçu dans le même esprit, le musée Louisiana de Humlebæk est célèbre autant pour son intégration à la nature et son animation continue que pour les œuvres modernes qui y sont exposées. Les enfants peuvent exercer leurs talents d'artistes dans une salle où la présence des adultes est déconseillée.

Fermes prospères aux fraîches couleurs, manoirs cossus abritant des fondations pour demoiselles de la noblesse, rivieras où se succèdent villas et restaurants, forêts de chênes ou de sapins accueillantes placent la Seeland sous le signe d'une confortable aisance.

Une aimable capitale populaire

Le petit port de pêche de l'an 1000 est devenu grand. Fortifiée au XII⁰ siècle par l'évêque Absalon, qui maniait aussi bien l'épée que la crosse, Copenhague, «port des Marchands», fut promue capitale en 1416. Elle concentre aujourd'hui 1 220 000 Danois (avec les faubourgs), soit le quart de la population du pays. Porte de la Scandinavie, contrôlant l'accès à la Baltique, c'est un carrefour de plaisir et de travail pour les Européens.

Des monuments élevés au XVII⁰ siècle par Christian IV subsiste la Bourse, édifice de style Renaissance hollandaise, d'où s'échappe une flèche étrange, faite de quatre queues de dra-

gon entrelacées en vrille. La curieuse tour Ronde fut dédiée par Christian IV à la science astronomique ; on peut monter jusqu'à son observatoire à cheval, comme Pierre le Grand, ou en carrosse, comme Catherine Ire, grâce à un plan incliné en colimaçon. Jadis résidence champêtre du roi, aujourd'hui encerclé par la ville moderne, le château de Rosenborg conserve, dans son cadre de verdure, les joyaux de la Couronne et les collections de la maison royale. À l'autre bout de l'échelle sociale, les petites maisons basses du quartier de Nyboder furent bâties par le bon souverain pour les marins de la flotte royale.

Aujourd'hui, quand la reine réside au palais d'Amalienborg, la relève de la Garde, à midi, se fait en musique. Sur la place, entre les colonnades des quatre palais rococo, les vestes rouges et les pantalons bleus des fantassins de la Garde forment un spectacle bon enfant.

Au début de ce siècle, quand les mécènes n'étaient plus les rois mais des brasseurs, la ville reçut son emblème : la Petite Sirène, sur son rocher, rêve pour l'éternité tout au bout de la promenade de Langelinie, face au port. L'auteur du conte qui lui donna vie, Andersen, habita le vieux quartier de Nyhavn, où les maisons gaiement colorées des marins, tout en

fenêtres, se serrent les unes contre les autres.

À la glyptothèque Ny Carlsberg, le brasseur Carl Jacobsen a réuni de belles antiquités et une collection, admirablement mise en valeur, d'impressionnistes français. Le Musée national réunit les souvenirs les plus anciens de la civilisation danoise, en particulier des « lurs », trompes de bronze en spirale des guerriers. Au Bymuseum (musée municipal), une grande maquette de Copenhague au XVIe siècle montre les petites maisons alignées au fil des rues, formant comme une toile d'araignée à larges mailles, et deux salles sont consacrées au philosophe copenhagais Kierkegaard.

◄ *Centre de la vie active, la place fleurie de l'Hôtel-de-Ville (Rådhuspladsen) est le cœur de Copenhague.*
Phot. F. Peuriot

▲ *Copenhague : les vieilles maisons qui bordent le canal de Nyhavn composent un cadre pittoresque, dans lequel Andersen passa près de vingt années de sa vie.*
Phot. Villota-Image Bank

le Danemark

5

Les toits de deux églises originales se remarquent de loin parmi les clochers vert-de-grisés de la ville : la haute coupole de la Marmorkirke (église de marbre), vaste rotonde en marbre blanc de Norvège, entourée de 16 statues représentant des grandes figures de la foi, de Moïse à Luther ; et l'étonnante spirale d'un escalier à rampe dorée, qui s'enroule autour de la flèche de 86 m de haut de la Vor Frelsers kirke (église de Notre-Sauveur).

Si les Danois savent mettre de la fantaisie dans leurs édifices religieux, ils savent aussi s'amuser dans le grand parc de Tivoli : manèges ultramodernes ou petit train à l'ancienne, théâtre chinois et montagnes russes ; une pagode abrite un restaurant ; derrière un parterre fleuri se cache un orchestre. Chaque jour, plusieurs dizaines de milliers de personnes fréquentent le parc de Tivoli.

Dans la longue rue piétonnière de Strøget, même impression d'animation aisée, de confortable gaieté. Près de la gare, la galerie *Den Permanente* expose et vend les plus belles créations de l'artisanat et du *design* : cossu en toute simplicité, confortable sans ostentation, le mobilier contemporain est à l'image de Copenhague, où les sirènes des bateaux accompagnent les flonflons des orchestres, où l'odeur de la mer se mêle à celle des saucisses chaudes.

Le méchant roi et le fils du cordonnier

Il était une fois, dans l'île de Fionie (Fyn), un roi très dur, qui fut assassiné par ses sujets révoltés en 1086. Après sa mort, il fut considéré comme un saint, en raison des nombreux dons qu'il avait faits à l'Église, et le peuple vint en

pèlerinage sur les lieux de son assassinat. C'est pourquoi églises et monastères se multiplièrent à Odense. La Sankt Knuds kirke abrite le reliquaire de saint Knud et de son frère Benedikt, ainsi que le fantastique retable en triptyque, haut de 5 m, sculpté par Claus Berg : pas un pouce de la surface n'a été laissé à l'état brut ; 300 personnages vivent dans le bois doré.

Dans le musée attenant à la maison natale d'Andersen sont rassemblés les souvenirs du fils de cordonnier, devenu un grand nom de la littérature. La ville où naquit l'auteur de *la Petite Sirène* et du *Vilain Petit Canard* offre aussi sa rue-musée, où des maisons bourgeoises des XVIe et XVIIe siècles présentent des meubles et des objets usuels d'autrefois.

Toute en douces collines couvertes de champs fertiles et de bois de hêtres où se cachent des manoirs, la Fionie, « jardin du Danemark », séduit par sa tranquille aisance. Devant les fermes basses, qui ont toujours l'air fraîchement repeintes, les roses trémières dressent leurs hampes acidulées.

Symboles de la richesse de l'île, les châteaux compensent leurs remaniements successifs par un excellent état de conservation. Celui d'Egeskov, bâti sur pilotis au milieu d'un petit lac, est le plus original avec ses grands toits rouges et ses poivrières bleues. Également Renaissance, le manoir de Hesselager reste assez médiéval avec ses hauts murs fendus de meurtrières, ses fossés et son chemin de ronde.

Plus connue pour ses châteaux que pour ses édifices religieux, la Fionie possède pourtant quelques trésors dans ses églises rurales : des fresques du XVe siècle avec des anges musiciens jouant de 32 instruments différents à Rinkeby ; une Madone sculptée de Claus Berg à Sandager.

Tout au long de la côte, les petits ports animés associent harmonieusement pêche et loisirs balnéaires. Leurs maisons basses à colombage,

parfois encore couvertes de chaume, et leurs musées locaux sont autant de bonnes raisons de se détendre : à Fåborg, au pied de sa colline boisée ; à Nyborg, dans le château de laquelle fut signée la première Loi fondamentale du Danemark ; à Kerteminde aux douces plages de sable fin. Vestige de l'époque viking, le drakkar de Ladby servit, il y a mille ans, de sépulture à un chef, enterré avec ses chevaux, ses chiens, ses armes et ses bijoux.

Des îles idylliques

Le Danemark concentre dans ses petites îles, volontiers qualifiées d'« idylliques », tout son plaisir de vivre. Dans un cadre fleuri, où les

▲
Le château d'Egeskov, joyau de la Fionie : son nom signifie « forêt de chênes », et il est remarquablement conservé pour un bâtiment édifié sur pilotis au XVIe siècle.
Phot. Martin-Guillou-C. D. Tétrel

souvenirs des siècles passés sont soigneusement sauvegardés, des maisons à pans de bois mêlent les couleurs fruitées de leurs façades aux roses trémières, à l'azur du ciel, au bleu turquoise de la mer toujours présente. De loin en loin, un manoir encore habité, remanié par les propriétaires successifs qui l'occupèrent parfois sans interruption depuis le XIIᵉ siècle, ouvre aux visiteurs du dimanche son beau parc parfaitement entretenu.

Aujourd'hui, les îles sont liées entre elles par de longs ponts. Pratiques et beaux, ils laissent pourtant au cœur un regret pour l'ancien bac, porteur de rêve sinon d'aventure. Toutes semblables et toutes différentes, les îles fioniennes ont chacune leur charme propre.

Ærø la minuscule, si sauvage sur sa côte nord, recèle, dans son musée d'Ærøskøbing,

une formidable collection de pipes et bateaux en bouteilles. De la populeuse Tåsinge, on gardera le souvenir du petit port de Troense, avec son château baroque transformé en musée de la Marine, et de la grave tête de Christ de l'église de Bregninge, sculptée dans le chêne au début du XIIIᵉ siècle. Moins fleurie que Tåsinge, Langeland s'étire entre ses longues plages de sable ; Rudkøbing, vieille cité marchande où naquit Ørsted, pionnier de l'électromagnétisme, garde le souvenir de son passé dans ses maisons et son musée ; à Humble, près de l'église, 77 pierres dressées entourent un tumulus, chambre funéraire du roi Humble.

Dans Lolland, la plus grande des îles du Sud, églises de brique et châteaux médiévaux ponctuent de grasses collines. L'immense parc-safari de Knuthenborg héberge fauves africains

et mammifères sauvages. Dans un vieux château, le fort d'Ålholm, un vaste musée de l'Automobile présente plus de 100 voitures construites entre 1890 et 1936.

Ses grandes falaises et ses forêts donnent à l'île Falster une allure plus sévère. L'église de Tingsted est ornée de fresques pleines d'humour, datant du XVᵉ siècle. Celle de Stubbekøbing, avec sa tour crénelée caractéristique des églises rurales danoises, fut bâtie en 1200.

L'île de Møn ne ressemble à aucune autre. Les ondulations vertes cèdent ici la place aux falaises blanches décharnées, tombant d'un trait dans la mer. À leur pied, pétrifiés dans le calcaire, oursins, coraux et éponges sont devenus fossiles. En haut, sur le plateau, le vent siffle dans les hêtres. Profonde et pittoresque, la forêt abrite le château de Liselund, dédié à l'« amitié

Aux environs de Copenhague, le Frilandsmuseum de Lyngby groupe, dans un vaste parc, des maisons rurales ou villageoises, des moulins et des ateliers d'artisans, reconstitués avec soin.
Phot. M. Levassort

pure » par un romantique gentilhomme de la fin du XVIIIe siècle.

Trois églises de l'île de Møn — à Fanefjord, Keldby et Elmelunde — racontaient la Bible en images à ceux qui ne savaient pas lire. Les scènes de l'Ancien et du Nouveau Testament couvrent voûtes et piliers de couleurs joyeuses, situant les épisodes les plus dramatiques dans le cadre quotidien des paysans du XVe siècle. Entre les personnages, l'espace se remplit de fleurs, d'oiseaux et d'étoiles.

Chef-lieu de l'île de Møn, le petit port de Stege n'a conservé de ses remparts, devenus jardin public, qu'une tour et la porte du Moulin, adossée au musée retraçant l'histoire de l'île.

Un autre Danemark

Appartenant historiquement au Danemark, l'île de Bornholm dépend géographiquement de la péninsule scandinave : ses granites et ses grès ne se rencontrent nulle part ailleurs au Danemark. Ils forment au nord de l'île une côte sauvage, longue succession de crevasses et d'à-pics où la mer s'engouffre dans un bruit de tonnerre.

Ici, un escalier vertigineux descend à flanc de falaise par 108 marches taillées à même le roc. Là, on découvre les dernières pierres de la forteresse médiévale de Hammershus. Dans les ports, les petites maisons basses des pêcheurs et le bâtiment à tour carrée qui abrite le traditionnel fumoir à harengs attirent les artistes. Chaque port se distingue de ses voisins par un trait original : le vieux moulin de Svaneke ; les ruelles sinueuses et fleuries de Gudhjem ; l'église de Hasle et son retable en bois sculpté. La principale ville de l'île, Rønne, conserve quelques traces de son activité portuaire à l'époque médiévale.

Dispersées dans la campagne, les églises rondes de Bornholm furent élevées au XIIe siècle à des fins mi-religieuses, mi-défensives. L'isolement de l'île et l'audace des pirates de la Baltique furent à l'origine de ces étranges et austères lieux de culte, tout de granite. Østerlars possède la plus grande (18 m de diamètre), Olsker la plus haute, couronnée de neuf meurtrières. À Nylars, le chemin de ronde crénelé est toujours visible. L'église de Nyker, la plus humble, ne comporte que deux étages, alors que toutes les autres en ont trois. Près des collines — si douces qu'on les nomme « collines du paradis » —, des lacs poissonneux, des landes couvertes de bruyère, des forêts de hêtres et de bouleaux, les églises rondes ont gardé leur cadre bucolique ancestral.

▲
À la fin du XVe s., un artiste de l'île de Møn, connu sous le nom de «maître d'Elmelunde», décora les églises du voisinage de fresques charmantes, où animaux et végétaux entourent les scènes religieuses. (Église d'Elmelunde.)
Phot. M. Levassort

▲
Les églises rondes de l'île de Bornholm, dont le toit conique est soutenu par un pilier central, étaient de véritables forteresses. (Église d'Østerlars, XIIe s.)
Phot. Pictor-Aarons

▲
*Plus sauvage que les autres îles danoises, Møn oppose
à la mer la muraille tourmentée de ses blanches falaises.
(Aiguille de l'Été, 102 m.)*
Phot. M. Levassort

▶
*Les maisons à colombage du port danois d'Århus
recréent l'ambiance d'une cité médiévale.*
Phot. Reichel-Top

la Finlande

Au nord de l'Europe, entre le monde slave et le monde scandinave, il existe un pays mystérieux : la Finlande. Son ondulante toison de forêts, trouée de 60 000 lacs, cache les demeures de ses habitants. Des nuits d'été claires comme le jour ; des lacs grands comme des mers ; un pays nordique sans être scandinave ; une langue chantante qui ne ressemble à aucune de ses voisines, bien que le pays ait été dominé durant des siècles par la Suède et la Russie ; des villes jeunes malgré un peuplement millénaire ; des immeubles populaires construits par les architectes les plus prestigieux ; des cités ultra-modernes qui savent respecter la nature ; un peuple de rudes bûcherons à la pointe du *design* européen ; des Lapons qui vivent sous la tente, mais prennent l'avion pour aller à Helsinki : les idées reçues ne résistent pas à la Finlande, qui, dans des conditions climatiques, historiques et économiques difficiles, est cependant un pays dans lequel il fait bon vivre.

Aux sources de l'architecture moderne, Helsinki

Le qualificatif « moderne » évoque souvent une froideur déshumanisée. La Finlande, et surtout Helsinki, apporte la preuve magistrale qu'une architecture moderne peut être vivante, belle et en parfaite harmonie avec le cadre naturel dans lequel elle s'insère.

De l'époque de sa fondation (XVIe s.) par les Suédois, désireux d'étendre leur emprise

▲
Omniprésentes, intimement mêlées, l'eau et la forêt sont les deux dominantes du paysage finlandais.
Phot. Yolka-Atlas-Photo

▲
Jeunes Finlandaises en costume national, jouant du kantele, sorte de cithare encore couramment utilisée dans les pays baltes.
Phot. Gunther-Rapho

Histoire
Quelques repères

VIIIe s. : grande migration des Finnois, qui repoussent les Lapons vers le nord.
1155 : la Finlande passe sous domination suédoise pour 650 ans.
1640 : première université de Finlande à Turku, alors capitale.
XVIIIe s. : développement des mouvements séparatistes antisuédois.
1809 : le Suède cède la Finlande à la Russie ; le tsar en fait un grand-duché dont il est le grand-duc.
1812 : Helsinki capitale du grand-duché.
6 décembre 1917 : la Finlande se déclare État indépendant.
1919 : la Finlande se constitue en république parlementaire.
Seconde Guerre mondiale : attaquée en 1939 par les Russes, la Finlande doit céder à l'U. R. S. S. la Carélie, une partie de la Laponie et la région de Petsamo.

commerciale au golfe de Finlande, Helsinki n'a gardé que quelques pierres d'une église, au nord-est de la ville actuelle. Le premier site était d'ailleurs mal choisi, et, un siècle plus tard, la ville abandonna cette embouchure marécageuse pour la presqu'île où elle s'est développée.

▲
Dévastée par ses puissants voisins russes et suédois, ravagée par un terrible incendie, Helsinki fut rebâtie au XIXe s. dans le style néo-classique qui plaisait à cette époque.
Phot. B. Gérard

Développement lent jusqu'à ce que le tsar Alexandre Ier, également grand-duc de Finlande, choisisse Helsinki pour capitale, de préférence à Turku jugée trop suédoise : au début du XIXe siècle, la modeste ville de bois se transforma en capitale de pierre. Dans un style néoclassique où colonnes corinthiennes et frontons triangulaires abondent sur des façades symétriques, l'architecte allemand Engel a créé un ensemble qui ne manque pas de grandeur, surtout quand on arrive par mer, découvrant les coupoles verdies de la cathédrale luthérienne au-dessus du palais du Président et de la colonnade de l'hôtel de ville.

À cette période néoclassique succéda, au début du XXe siècle, un mouvement national : les architectes finlandais exprimèrent dans les pierres un nationalisme dont ils étaient politiquement sevrés. Dans la gare d'Helsinki, Saarinen a matérialisé cet élan dans les quatre géants de granite qui gardent l'édifice.

Mais le romantisme national céda bientôt la place au fonctionnalisme, adapté à l'homme qui y vit et à la nature qui l'entoure. Il faut voir le Finlandiatalo, palais de marbre blanc édifié au bord de la baie de Töölö : Aalto y maîtrise somptueusement l'espace et la lumière dans les amphithéâtres, les salles de congrès et de conférences, les auditoriums et les restaurants. Aux environs de la ville, dans la cité universitaire de Dipoli (ouverte à tous), bois, béton et verre s'enchevêtrent, se glissent entre les arbres et les blocs de granite sans jamais dégrader la nature. Même symbiose avec le site à Tapiola, ville-satellite d'Helsinki, pittoresquement noyée dans la verdure.

Dans les musées d'Helsinki, on retrouve la même orientation vers un art moderne respectueux des solides bases léguées par le passé. L'Ateneum, surtout consacré aux peintres modernes finlandais et européens, possède également de très grandes œuvres du Siècle d'or hollandais et au XVIIIe siècle français. Le Kansallismuseo (Musée national) offre, dans son cadre typique du début du siècle, les reliques les plus rares de la culture finlandaise, depuis la préhistoire jusqu'à nos jours.

Turku, capitale déchue

En 1979, Turku fêtera avec faste ses 750 ans. La vieille « ville aux sept collines » se flatte d'être la plus ancienne cité finlandaise. Ses pierres en gardent la trace.

Au centre du Turku médiéval, la Tuomiokirkko (cathédrale) a grandi en même temps que la ville : au petit carrefour marchand correspondait une modeste chapelle de bois, vite remplacée par un édifice de pierre. Lorsque celui-ci devint trop étroit pour accueillir les fidèles, on lui adjoignit des chapelles latérales qui assombrirent la nef : on suréleva donc celle-ci. Quand l'évêché acquit un rayonnement international, on coiffa le sanctuaire de ses admirables voûtes en étoile. Scrupuleusement restaurée au début du siècle, la cathédrale a gardé son aspect du XVe siècle, et on y trouve encore quelques belles statues médiévales.

Même honnêteté dans la remise en état du Turunlinna (château de Turku), que les incendies et les bombardements avaient gravement endommagé. L'un de ses deux corps de logis, le « château en avant », resté intact depuis le duc Jean (XVIe s.), est devenu un musée historique. Le château principal accueille, comme par le passé, les visiteurs officiels de la Finlande, et le culte est encore régulièrement célébré dans l'une des trois chapelles.

Le musée de plein air de Luostarinmäki doit à la situation excentrique de ce quartier d'être le troisième témoin du passé de Turku : une trentaine d'ateliers ont été installés dans les petites maisons de bois rescapées du gigantesque incendie de 1827. Tous les corps d'artisans y sont au travail pendant la dernière semaine de septembre, où les visiteurs se familiarisent avec les outils et les techniques traditionnels.

La vieille capitale a perdu son titre depuis 1812, mais elle a gardé son animation et son rayonnement. Le musée des Beaux-Arts groupe, dans un cadre romantique, les œuvres caractéristiques de la peinture nordique du XIXe et du XXe siècle ; le musée Wäinö Aaltonen, sculpteur

officiel de l'indépendance finlandaise, réunit des sculptures, des aquarelles et des dessins de l'artiste; le musée Sibelius est en même temps un centre d'études musicales.

Aux environs de la ville, l'église de Nousiainen doit sa notoriété à l'utilisation de la brique comme élément décoratif, inhabituelle à la fin du XIIIe siècle, et au cénotaphe de saint Henrik, patron de la Finlande, assassiné en ce lieu.

Les églises naïves des rivages de Finlande

Les premières églises de Finlande étaient en bois, construites avec une technique d'assemblage des troncs remontant à l'âge du fer. Puis on ajouta un chœur ou une sacristie en maçonnerie, avant de remplacer tout l'édifice par de solides constructions de granite ou de brique, dont beaucoup sont encore debout.

Peu à peu, un plan caractéristique se dégagea : un simple bâtiment rectangulaire, couvert d'un vaste toit à deux pans, avec la sacristie au

nord, le porche au sud, et un haut pignon pointu à l'opposé du chœur. À Porvoo, Tyrvää, Hollola, des motifs de brique ou des bandes en creux, évoquant un balcon ou une galerie, adoucissent l'austère pignon de granite. À la fin du XVe siècle, les bâtisseurs, maîtrisant mieux leur art, édifièrent des voûtes en étoile sur les piliers de la nef centrale et des voûtes d'arêtes sur les collatéraux : ainsi se présente encore l'église de Perniö, près du golfe de Finlande.

Parallèlement aux progrès des architectes, sculpteurs et décorateurs passèrent d'un art naïf à un art accompli, dont l'expression la plus spectaculaire réside dans les fresques qui envahirent les murs, puis les voûtes. Elles représentent le plus souvent des scènes édifiantes, destinées à un public en majeure partie illettré : dans l'église Saint-Laurent, près de Lohja, et dans celle de Hattula, l'histoire du monde va du Paradis au Jugement dernier. À Kalanti, on assiste à l'arrivée de saint Henrik sur un haut navire de bois, à la proue ornée d'une tête d'animal. L'église d'Inkoo possède une danse macabre unique en Finlande. À Rymättylä, anges et démons se disputent l'âme des vivants, l'enfer ouvre une gueule béante, tandis que

Alvar Aalto, l'un des plus célèbres architectes du XXe s., est l'auteur de l'École supérieure polytechnique d'Otaniemi, près d'Helsinki.
Phot. C. Lénars

Helsinki : évoquant aussi bien un orgue qu'une forêt de bouleaux, le très original monument à Sibelius est dédié à la fois au grand musicien et à sa Finlande natale.
Phot. C. Lénars

Bâtie sur des îles, Helsinki laisse les eaux de la Baltique la pénétrer de toutes parts.
Phot. Weiss-Rapho

la Finlande

3

saint Pierre, la clé du Paradis à la main, accueille les élus.

À partir du XVe siècle, plus une parcelle de mur ne fut délaissée par les peintres. Des torsades multicolores montèrent à l'assaut des voûtes, les ciels s'emplirent d'étoiles et de fleurs, des guirlandes feuillues se déroulèrent entre les scènes bibliques et les épisodes de la vie des saints. Il fallut aux restaurateurs beaucoup de science et d'attention pour faire revivre leurs couleurs éclatantes, recouvertes d'un badigeon par les Luthériens.

Une côte habitée depuis toujours

Autour de Turku, la province de Varsinais Suomi — la « Finlande proprement dite » — est le cœur historique du pays. La côte y déroule ses anses et ses sinuosités, où petits ports et hameaux soulignent de blanc les façades bleu ciel, vert acidulé, ocre jaune ou rouge brun de leurs maisons de bois. La côte se poursuit en mer par une « poussière d'îles ». Malgré le gel, la brume et la tempête, une population de culture suédoise s'accroche à ces îlots sauvages, au sol aride.

Prolongeant l'« archipel suédois », les îles d'Åland barrent l'entrée du golfe de Botnie. Le musée historique Mariehamn et celui du château de Kastelholm rappellent l'importance stratégique et commerciale des îles, jadis étape sur la route de l'ambre qui allait de la Suède au Bosphore. Les archéologues y ont mis au jour de nombreux vestiges de l'époque viking : des villages entiers et des forteresses, des nécropoles et des sépultures en forme de navire. L'église fortifiée de Jomala, aux murs fendus de meurtrières, évoque le temps où les habitants devaient se défendre contre les envahisseurs venus de la mer. À Hammarland, la vieille nef du XIIIe siècle et le robuste clocher carré de l'église Sainte-Catherine veillent toujours sur les humbles croix du cimetière.

Malgré la présence, sur les bords du golfe de Finlande, de cités modernes, de grands ports et d'industrie lourde, la nature reste souveraine, et les charmes du passé sont préservés. Sur la langue de terre la plus méridionale du pays,

Hanko et ses plages de sable bordées d'arbres, après avoir attiré la noblesse russe, accueille le cortège démocratique des vacanciers : une forêt de mâts danse dans le port, les voiles multicolores filent sous le vent du large. Tammisaari, fondée au XVIe siècle par Gustave Ier Vasa, est aujourd'hui une charmante cité fleurie, aux demeures pimpantes.

Porvoo jouit d'un glorieux passé : au XIIIe siècle, le puissant château fort de Borgbacken commandait une vaste province. C'est dans la cathédrale gothique que le tsar Alexandre Ier reconnut solennellement le grand-duché de Finlande. Au fil des étroites rues pavées de la vieille ville, les anciennes demeures à colombage et balcons sculptés montrent quelle fut la prospérité de la ville. Une tradition est restée bien vivante : celle des arts et des lettres, entretenue par le musée consacré au peintre Edelfelt et au sculpteur Vallgren, perpétuée par

Construite au début du siècle, durant la brève période du « romantisme national », la Tuomiokirkko (cathédrale) de Tampere a des allures de château fort.
Phot. Martin-Guillou-C. D. Tétrel
▼

la maison des Poètes, les innombrables ateliers de tisserands, de sculpteurs, de peintres, et par le séminaire qui, chaque année, réunit à Porvoo les meilleurs chanteurs de *lieder*.

Dans la province du Kymi, l'influence russe devient manifeste, comme en témoignent l'église orthodoxe de Kotka et ses icônes, rescapées de la guerre de Crimée. À Hamina, la place centrale et ses rues en étoile, les fortifications désuètes, les coupoles et le campanile de l'église orthodoxe concourent au charme étrange d'une petite ville-frontière où les garnisons de soldats russes et suédois se succédèrent pendant des siècles.

◄

À Porvoo, les vieilles maisons qui bordent le fleuve rappellent que le bois fut longtemps le seul matériau de la Finlande.
Phot. Roy-Explorer

Avec ses mornes plaines agricoles et son histoire ensanglantée, la côte du golfe de Botnie laisserait une impression sévère s'il n'y avait les villes jeunes et animées, les longs cordons de dunes et les plages de sable propices à la détente.

La petite ville tranquille de Kristiinankaupunki et la vieille cité dentellière de Rauma ont miraculeusement échappé aux incendies et gardé, au long de leurs rues tortueuses du XVIIe siècle, leurs façades multicolores de bois ouvragé. Tout autre fut le destin de Pori, où l'essor du commerce et de l'industrie n'a cependant pas entravé celui de la culture : on y vient pour son théâtre, pour son festival de jazz, pour rêver au musée du Satakunta devant les vestiges de l'âge du fer, les vieux instruments de navigation, les reconstitutions d'ateliers d'artisans, les intérieurs Renaissance, baroques ou rococo.

Vaasa, centre d'une importante colonie suédoise dès le Moyen Âge, a subi toutes les guerres : chasse aux sorcières et guerres de Religion, rébellions féodales contre le roi, conflits entre la Suède et la Russie ; pendant la guerre civile de 1918, le maréchal Mannerheim y établit son quartier général. On « profita » de l'incendie de 1852 pour déplacer la ville vers l'ouest, car, le continent se soulevant insensiblement, les terres avaient fini par gagner plusieurs kilomètres sur la mer. Aussi Vaasa offre-t-elle le visage d'une cité moderne en pleine expansion, doublée d'une pittoresque vieille ville. Les musées y sont nombreux et richement dotés ; la peinture finlandaise est spécialement bien représentée par l'expressionnisme d'Hugo Simberg et le fauvisme de Tyko Sallinen.

Établie sur plusieurs îles, Oulu vit sa prospérité grandir au XVIIe siècle avec le commerce du goudron. Elle est devenue une « ville blanche », dessinée, comme Helsinki, par Engel.

▲
Au sud de la Finlande, le verdoyant archipel d'Åland,
où agriculteurs et pêcheurs parlent le suédois, égrène
quelque 6 500 îles entre le golfe de Botnie et la Baltique.
Phot. Donnezan-Rapho

Au pays du Kalevala

Siècle après siècle, les bardes finnois avaient chanté les aventures des hommes et des dieux. En 1835, alors que la Finlande, prise en tenaille entre la Suède et la Russie, cherchait son identité, un médecin, Elias Lönnrot, publia un formidable poème épique de 22 800 vers. Il avait réuni là tous les chants qu'il avait patiemment recueillis : les scènes quotidiennes de la vie paysanne y alternent avec les récits fabuleux. Base du mouvement romantique national, le *Kalevala* inspire encore peintres, architectes, romanciers et musiciens finlandais.

La Carélie est le cadre original du *Kalevala*. Elle en demeure, comme toute la région des lacs, éternellement imprégnée. Des reliefs peu marqués, mais toujours présents, des forêts profondes, encore peuplées de loups, des lacs tellement nombreux, sinueux et ramifiés qu'il est impossible de les explorer tous. De lac en lac, du Saimaa au Päijänne, vieux coches d'eau, bateaux à vapeur à deux étages, modernes aéroglisseurs, simples barques et sportifs kayaks suivent la route du Poète ou la Ligne d'argent.

Au bord des lacs, de-ci de-là, de petites cabanes de rondins : les *saunas*. En fin de journée, mais surtout le samedi, les femmes, puis les hommes, s'y rendent. Pratique hygiénique sans doute, mais surtout étonnant lieu de détente, de retrouvailles dans une nudité qui n'a rien d'équivoque.

Sur les fleuves, de gigantesques trains de bois descendent vers le sud. Tantôt suivant seuls le courant, tantôt tirés par un remorqueur, ils voguent vers les moulins et les scieries qui se cachent au milieu des arbres. Les villes aussi, anciennes ou modernes, préfèrent apprivoiser la nature plutôt que la détruire. Omniprésente, l'eau changeante y adoucit les formes.

Sur le lac Saimaa, la cour du château d'Olav, édifié au XVe siècle, sert chaque été de cadre à des spectacles d'opéra. Joensuu, principale ville de la Carélie du Nord, est le rendez-vous des Tziganes. À Kuopio, ville nouvelle, les

Lac Saimaa : isolé sur l'un des nombreux îlots qui portent la ville de Savonlinna, le château d'Olav est une puissante forteresse féodale.
Phot. Moore-Fields-Rapho

▲

Aimant la nature, la solitude et le silence, le Finlandais
choisit souvent de passer ses loisirs au bord d'un lac,
dans un chalet rustique isolé dans la verdure.
Phot. Nakagawa-Vloo

maisons modernes ont su faire face à l'arrivée massive des réfugiés de la Seconde Guerre mondiale. Le centre industriel de Tampere, deuxième ville de Finlande (170 000 hab.), parvient à laisser une impression agréable, grâce à ses larges avenues et à ses deux lacs.

Soleil de minuit en Laponie

Le gigantesque rabot des glaciers, le travail éternel de l'eau et du vent ont donné ses lignes au paysage lapon. La ronde des saisons y pose ses couleurs : moutonnements silencieux et boisés, étirés, par-delà la frontière, jusqu'à l'océan Glacial Arctique, marécages peuplés de courlis et de canards sauvages, lacs tranquilles où glisse parfois la longue barque effilée d'un pêcheur solitaire. Vers le nord, la forêt s'éclaircit, s'amenuise, devient toundra ; à la fin de l'été, bruyères et arbustes chatoient de toutes les nuances de l'automne dans la lumière frisante. Puis vient la longue nuit d'hiver, le *kaamos*, que les draperies mouvantes d'une

rude ; 3 800 d'entre eux vivent en Finlande, sur un espace grand comme le Portugal. Les Lapons sont très attachés à leur langue, à leurs coutumes et à leur culture. Leur économie s'ordonne autour d'une bête de boucherie abondamment cornue, le renne, qui fait également office d'animal de trait. Chaussés de skis, les Lapons disputent au grand galop des courses de rennes. Ces compétitions hautes en couleur ont notamment lieu lors des grands rassemblements de printemps, occasions de retrouvailles, de fêtes et de mariages où les Lapons paraissent dans leurs plus beaux atours : tuniques bariolées, mocassins de peau de renne, hauts bonnets décorés de broderies multicolores.

Certains hameaux lapons sont tellement perdus au fond des forêts ou des marécages que les destructions systématiques de la dernière guerre ont épargné leurs solides maisonnettes de bois. Des tribus de pêcheurs se sont installées récemment sur les rives du vaste lac Inari, haut lieu lapon depuis des millénaires : une île, parmi les centaines que compte le lac, servait jadis de lieu de sacrifice aux dieux

aurore boréale rendent plus étrange encore.

Au printemps, la glace craque. Lacs et rivières se libèrent, la vie renaît, la nature bourgeonne. L'été, le jour n'en finit pas. Le soleil tourne dans le ciel sans jamais se coucher. À minuit, lorsqu'il est au nord, suspendu au ras des forêts et des lacs, il jette une lumière irréelle sur toute la Laponie. Depuis des siècles, on vient de très loin escalader la colline d'Aavasaksa et se laisser prendre à la fascination du soleil de minuit.

De la Norvège à la presqu'île de Kola, en U.R.S.S., les Lapons sont encore une quarantaine de mille à s'accommoder d'une nature

païens ; une autre avait une fonction funéraire.

En Laponie, les douces collines finlandaises deviennent montagnes. Ce sont les Tunturis, dont l'altitude modeste est accentuée par l'encaissement des vallées, aux flancs desquelles se sont multipliées les stations de sports d'hiver. L'Ounasvaara, près de Rovaniemi, a bien tiré parti de ses 204 m : les Jeux d'hiver y réunissent des champions internationaux sur les pistes de fond et de descente, et sur les tremplins de saut. Au départ de Rovaniemi, le Rallye arctique automobile s'élance chaque hiver sur 2 000 km de routes enneigées, par des froids atteignant − 40 °C.

▲
La coiffe rouge, finement brodée, de la Laponie finlandaise.
Phot. Frédéric-Explorer

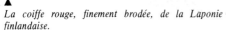

▶
Lorsque la neige recouvre la Laponie, les troupeaux de rennes affamés déambulent inlassablement, à la recherche de leur pitance.
Phot. Guillard-Top

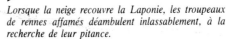

Mais ce tintamarre passager trouble à peine le «grand silence blanc». Le massif des Nattanen, domaine de l'ours et de l'aigle, aligne ses crêtes mystérieuses vers la Russie. À l'ouest, près de la jonction de la Finlande, de la Suède et de la Norvège, la sauvage Saana, montagne sacrée des Lapons, dresse à plus de 1 000 m son profil bizarre ■   Monique FAURÉ

▲

Au nord du Cercle polaire, près de Sodankylä, la belle saison est courte, et le foin doit sécher vite pour être rentré avant les premières neiges.
Phot. Martin-Guillou-C. D. Tétrel

▶

Docile, rapide et endurant, le renne attelé à la pulkka lapone se révèle un excellent animal de trait.
Phot. C. Lénars

l'Islande

L'Islande est une île où la vie se concentre dans une ronde de 6 000 km autour d'un vaste ensemble de montagnes et de hauts plateaux inhabités. Dans ce pays, contre toute logique, l'eau et le feu font bon ménage. Bien que le cercle polaire soit tout proche, le climat reste relativement doux. C'est une patrie de Vikings, mais le pourcentage des bruns y est plus élevé que chez les autres peuples nordiques ; une terre dont le sol n'est pas nourricier, mais où le revenu par habitant est un des plus élevés du monde ; une contrée du Grand Nord où l'on ne trouve pas la moindre trace d'Esquimaux aux yeux bridés...

Autrement dit, un endroit qui recèle assez de mystères et de paradoxes pour éveiller la curiosité et susciter l'intérêt.

Les Islandais ne sont pas nombreux : 220 000, ce qui est peu pour la plus grande île d'Europe après l'Angleterre : 103 000 km². Ils ont fêté, en 1974, le 1 100e anniversaire de leur existence, celui du premier peuplement de l'île, d'une part par des Vikings norvégiens venus de Scandinavie, d'autre part par des Celtes débarquant des îles Britanniques. D'où ce mélange de caractères physiques dans l'aspect des Islandais d'aujourd'hui, que l'on ne peut imputer à aucun autre apport de sang, l'immigration d'éléments étrangers ayant été à peu près nulle depuis la colonisation.

Berceau du plus ancien Parlement d'Europe, l'Islande montre aussi, depuis toujours, de grandes dispositions pour les choses de l'esprit. Dispositions qui se manifestèrent jadis par la composition des fameuses « sagas » et se traduisent, de nos jours, par un excellent niveau d'instruction, permettant à l'économie de reposer sur des techniques très avancées.

▲

Jailli du sol fissuré après l'éruption de 1973, un second volcan, le Kirkjufell (ou Eldfell), menace maintenant l'île de Heimaey.

Phot. Henrion-Explorer

▶

Descendant en droite ligne des Vikings norvégiens qui peuplèrent l'Islande au IXe s., les Islandais ont conservé un type nordique très pur.

Phot. Stevens-Atlas-Photo

l'Islande, le Groenland

1

Souvenirs de l'éruption meurtrière de 1783, les 115 cratères alignés de la crevasse de Lakagigar composent un curieux paysage.
Phot. Vulcain-Explorer

Mais, d'abord, on est frappé par l'étrange beauté de cette île sans arbres, aux horizons illimités ; par ce pays peuplé d'oiseaux sauvages et riche, par endroits, d'une végétation exotique ; par les magnifiques glaciers suspendus et les geysers jaillissants ; par le contraste saisissant entre l'été, où il fait jour vingt-quatre heures sur vingt-quatre, et l'hiver, avec

La ville de Heimaey, que les Islandais ont sauvée de la destruction totale en solidifiant avec des tonnes d'eau de mer le fleuve de lave qui la menaçait, renaît littéralement de ses cendres.
Phot. Édouard-Studio des Gds-Augustins

▲
Au centre de l'Islande, le plateau désertique de l'Ódá-
dahraun est une vaste étendue de lave parsemée de
volcans dont certains sont encore en activité.
Phot. P. Tétrel

4

Histoire
Quelques repères

874-930 : colonisation de l'Islande par des Vikings norvégiens.
930 : fondation de l'Alting (Parlement) et de la république.
930-1030 : période des « sagas » (traditions orales, transcrites du XIIᵉ au XIVᵉ s.).
1000 : conversion au christianisme.
1262 : l'île passe sous la tutelle norvégienne.
1380 : les Danois remplacent les Norvégiens.
1550 : la Réforme l'emporte sur le catholicisme.
1787 : liberté du commerce accordée aux sujets danois.
1800 : dissolution de l'Alting.
1809 : le Danois Jörgen Jörgensen se proclame dictateur.
1843 : l'Alting est rétabli comme assemblée consultative.
1874 : le roi de Danemark accorde à l'Islande une première constitution.
1904 : autonomie interne.
1906 : la pose d'un câble télégraphique entre l'Écosse et l'Islande met fin à l'isolement de l'île.
1918 : l'Islande royaume indépendant, mais avec le même roi que le Danemark.
1944 : séparation définitive d'avec le Danemark et proclamation de la république.

ses nuits de vingt heures. Grâce au Gulf Stream, les ports restent libres de glace malgré la latitude élevée.

Caprice de la nature, l'Islande subit une forte éruption volcanique à peu près tous les cinq ans, sans parler des tremblements de terre. L'histoire de l'île est jalonnée de véritables catastrophes qui, en décimant le bétail, condamnaient une partie de la population à mourir de faim. Mais les Islandais ont résolu ce problème ; loin de céder à la panique, ils ont cherché à tirer parti de la nature volcanique de leur sol. Cinquante pour cent des logements sont chauffés par les eaux souterraines. En 1973, après qu'une grande partie du principal port de pêche eût été engloutie par la lave et les cendres entre les mois de janvier et de juin, plus de la moitié des habitants étaient de retour avant l'hiver, creusant pour trouver leur maison et reprenant leur existence d'avant l'éruption. Trait de caractère d'un pays qui n'en manque pas. Un pays dont la géographie a une histoire.

C'est triste,
mais c'est beau...

Ces secousses répétées, brutales mais rarement dangereuses, ces « vomissements » bouillants de la planète s'expliquent. Du point de vue géologique, l'Islande est encore une région jeune, en pleine formation, avec ses crises de croissance. C'est, pour sa plus grande partie, un plateau brisé par des poussées tectoniques. Un des aspects typiques du paysage réside dans les nombreuses fractures béantes, étirées dans

le sens nord-sud au nord de l'île, dans le sens nord-est-sud-ouest au sud. Le volcanisme y est actif, « militant » si l'on ose dire. On y dénombre quelque deux cents volcans postglaciaires, dont trente, au moins, sont entrés en activité depuis l'installation des premiers colons arrivés de Norvège au IXᵉ siècle.

Yves, le « pêcheur d'Islande » de Pierre Loti, n'avait pas apprécié : « Des pierres, des pierres, écrivait-il à la Bretonne de son cœur, rien que des pierres... Un triste pays, va Gaud, je t'assure... » Triste, mais beau. L'un des étrangers qui connaissent le mieux l'Islande pour l'avoir longuement parcourue en tous sens, en voiture, à pied et surtout à cheval, Jean-Pierre Vernet, en a rapporté une description moins sommaire : « Les basaltes de cette terre de feu refroidie sous ses glaces ont poussé leurs sommets jusqu'à 3 000 m aux heures héroïques du volcanisme, puis les grands fleuves figés des glaciers s'y sont enfoncés en coin entre les noires murailles des roches qu'ils ont disloquées, écartelées, broyées. Mais, il y a moins de cent ans, l'Askja, réveillé, submergea les plaines travaillées par l'homme entre les coulées de lave ; il dénuda les pentes, emporta les villages.

« Le Laki, à son tour, s'enflamma. Pas d'une seule bouche, mais de toute une chaîne de cratères grondants : 565 km² de flots destructeurs, 20 km de coulées brûlantes, une mer ardente drainant un milliard de mètres cubes de laves, submergeant les villages, emportant à jamais le monastère de Kirkjubaejarklaustur, jadis florissant, où les moines et les savants transcrivaient les *Eddas*, ces recueils de légendes des anciens peuples du Nord.

« C'est le Skafta à l'aspect féroce, entouré d'un enfer de crevasses insondables et de furieux épaulements de laves ; le Dyngjujökull, éclaté en 1887, aux cendres chaudes encore ; l'Hekla enfin, Jupiter de cet Olympe de montagnes tonnantes. »

L'Hekla, le plus célèbre des volcans islandais... Au Moyen Âge, le monde catholique en avait fait la demeure des damnés. Depuis son éruption de 1104, la première consignée dans les annales, qui dévasta des régions entières, en

particulier celle de Thjórsárdalur, l'Hekla s'est réveillé quinze fois de très mauvaise humeur. Au début de l'éruption de mars 1947, la colonne de fumée monta jusqu'à 30 000 m d'altitude. La lave déversée couvrit 65 km². L'éruption dura treize mois. Celle de 1970, deux mois environ, ce qui est déjà long.

Pourtant l'Hekla, dont le nom signifie « manteau », sans doute parce qu'il est toujours habillé de brume, n'est pas inabordable. Les courageux peuvent en faire l'ascension jusqu'au sommet (1 491 m), en partie à cheval et en partie à pied.

Parmi les autres volcans, pour la plupart groupés dans le sud de l'île, le Katla, caché sous le glacier Mýrdalsjökull, a fait éruption à treize reprises, la dernière fois en 1918. La plus récente colère de l'Askja, sur les hauts plateaux du nord-est, remonte à 1961.

Les laves postglaciaires couvrent 10 p. 100 du pays. La plus grande étendue d'un seul tenant est, autour de l'Askja, le plateau d'Ódádahraun, qui couvre quelque 4 500 km².

Les éruptions sous-marines sont également fréquentes au large des côtes, surtout sur la crête s'étirant au sud-ouest de la péninsule de Reykjanes. La dernière de ce type, proche des îles Westmann, commença à se manifester de manière visible le 14 novembre 1963 et se prolongea jusqu'au 5 juin 1967, ce qui permit aux touristes du monde entier de venir la contempler. Trois îles émergèrent, dont une, vaste de 3,75 km², subsiste. Les indigènes l'ont baptisée Surtsey pour honorer Surtur, dieu du Feu dans la mythologie scandinave. Sa base volcanique a été jugée assez solide pour que l'on y installe un laboratoire de recherches.

Terre de glace et de feu

Plus encore que l'eau, c'est la glace qui fait ici bon ménage avec le feu. Car la glace est partout, ou presque. Elle couvre en permanence de larges étendues : 11 800 km², soit 11,5 p. 100 de la superficie totale de l'île. Cependant, au cours des dernières décennies, les glaciers ont notablement diminué en importance et reculé, à la suite d'un réchauffement du climat. Certains, parmi les plus petits, ont complètement disparu. La limite des glaces éternelles est plus basse dans le Nord-Ouest (750 m d'altitude), plus haute dans l'intérieur du pays, autour du Vatnajökull (1 500 m environ). On trouve en Islande presque tous les types de glaciers, depuis les immenses calottes rappelant

◄ *Le Vatnajökull, le plus grand des glaciers islandais, qui couvre près de 9 000 km², s'achève dans la mer où il se brise en icebergs.*
Phot. Édouard-Studio des Gds-Augustins

▲ *Dans la région de l'Eyjafjördur, au nord de l'île, des fermes centenaires, faites de pierre et de tourbe, se tapissent à ras du sol sous des toits herbus.*
Phot. Sigurd-Arepi

l'inlandsis du Groenland jusqu'aux vallées de type alpin, creusées en auges à fond large.

Le Vatnajökull est le seul des grands glaciers islandais qui s'étende jusqu'à la mer et déverse directement dans l'Océan ses icebergs et ses torrents. Il couvre 8 400 km², à peu près la surface de tous les glaciers de l'Europe continentale réunis. Son épaisseur atteint par endroits 1 000 m. Les autres grandes calottes glaciaires sont le Langjökull (1 025 km²), le Hofsjökull (990 km²), tous deux sur les plateaux du centre, le Mýrdalsjökull (700 km²) au sud, et le Drangajökull (200 km²) au nord-ouest.

Le feu ? Nous l'avons vu surgir des volcans, courir en dévorant tout sur son passage. C'est son aspect négatif. Il a aussi un effet positif en faisant jaillir des sources chaudes. Celles-ci sont plus nombreuses en Islande que dans tout autre pays au monde, bien que l'activité thermale à haute température se limite à la zone médiane, de volcanisme récent, où l'on compte quatorze régions à solfatares. Elle se caractérise par des jets de vapeur sortant sporadiquement du sol, des « marmites » en ébullition, des dépôts de soufre.

Les principales régions thermales sont le Torfajökull, à l'est de l'Hekla, et le Grimsvötn, sur le glacier Vatnajökull. Ensuite, par ordre d'importance, on note le mont Hengill, près de Reykjavík, le Kerlingafjöll, le Námafjöll, le Kverkfjöll et le Krísuvík, une vallée située à 33 km au sud de la capitale.

Le potentiel géothermique de l'Islande est considérable. Plus de la moitié (bientôt peut-être 70 p. 100) de la population habite des maisons chauffées par l'eau sortant du sol sur lequel sont construits villes et villages. L'Islande dépend donc moins des importations de produits pétroliers que la plupart des pays occidentaux. Le chauffage domestique ne représente qu'une proportion très faible de l'énergie ainsi disponible. Une centrale électrique géothermique fonctionne dans le nord du pays. Les avantages du procédé ne sont pas seulement économiques : l'Islande est aussi, grâce à lui, un modèle écologique, à l'environnement protégé. Les centrales hydroélectriques ne dégagent pas d'émanations et ne déversent pas d'eau brûlante dans les rivières. Les maisons climatisées à l'eau chaude naturelle n'ont pas besoin de cheminées, et le « smog » est inconnu à Reykjavík.

La principale source d'eau chaude d'Islande, Deildarunguhver, débite 250 litres d'eau bouillante à la seconde. Certaines de ces sources sortent du sol par intermittence, verticalement : ce sont les geysers, dont le nom signifie « jaillisseur » en islandais. Le plus célèbre d'entre eux, le Grand Geysir, est situé dans la vallée de Haukadalur, à 120 km de la capitale. On ne vient pas en Islande sans faire le pèlerinage à ce monument liquide, dont la hauteur dépassait autrefois 60 m. « Alors, raconte J.-P. Vernet, précédée d'un grondement souterrain que suit un débordement abondant autour du bassin, s'élève une énorme colonne d'eau, projetée dans les airs avec une force prodigieuse, qui retombe et se trouve aussitôt suivie d'une autre. Le jeu continue vingt minutes, jusqu'à ce que le jet ait atteint son maximum au milieu d'un brouillard de gouttelettes et de vapeurs. »

La fréquence des éruptions dépend des conditions atmosphériques. Elles sont plus rapprochées quand il a beaucoup plu. Capricieux, le Geysir se « reposa », sans que l'on sache pourquoi, de 1916 à 1935, privant l'Islande d'une de ses attractions les plus populaires. Depuis, on a trouvé un « truc » ingénieux qui permet de ne

▲

Voisin du Grand Geysir, qui a donné son nom à toutes les sources d'eau chaude du monde, le Strokkur émet une colonne d'eau toutes les dix minutes.
Phot. Vulcain-Explorer

▶

Non loin du lac Myvatn, des solfatares crachent des vapeurs sulfureuses, révélatrices d'une activité volcanique récente.
Phot. M. Guillard-Top

pas décevoir les touristes : pour obliger le Geysir à faire son numéro, on lui verse dans le ventre deux tonneaux de savon fondu. Cette potion donne apparemment du tonus.

Ces bananes venues du froid

Dans tout le pays, les serres et les piscines utilisent les eaux chaudes naturelles. De petites villes comme Hveragerdi, à 40 km à l'est de Reykjavík, ont des rues bordées de serres. Toute l'année, on y récolte des produits maraîchers et des fleurs. Grâce à ces serres et à cette eau chaude, l'Islande est, paradoxalement, le premier producteur de bananes d'Europe !

À l'air libre, la végétation est moins exubérante. Elle n'est permanente que sur un quart de la superficie du territoire. Le climat et l'activité volcanique ne sont pas seuls en cause. Les forêts de bouleaux, qui étaient très nombreuses au début de la colonisation, ont été détruites par des abattages inconsidérés et l'élevage intensif des moutons qui broutent les pousses. Depuis la fin de la Première Guerre mondiale, on s'efforce de reboiser. De grandes étendues sont mises à l'abri des troupeaux. Il reste tout de même des forêts à Hallormsstadur (conifères), dans l'Est, et à Vaglaskógur (bouleaux), dans le Nord. Sorbiers et trembles poussent aussi dans certaines régions. Mais on rencontre surtout, même dans les basses terres habitées, de vastes espaces de roches nues, des déserts de pierres, des étendues de sable et des champs de lave.

Il y a aussi l'eau froide, des rivières et des lacs à profusion, qui constituent un véritable paradis pour les pêcheurs. Les deux types principaux de cours d'eau sont facilement reconnaissables : les torrents glaciaires charrient des eaux troubles, de couleur jaune-brun (le plus long, le Thjórsa, a 230 km, et son débit est de 385 m³/s) ; les rivières ont des eaux limpides, dont le débit variable atteint son maximum à la fin du printemps.

Les chutes d'eau sont également très typiques du paysage. Parmi les plus fameuses, celles de la Gullfoss (Chute d'or) sont tout près du Geysir. On y accède par un chemin rocailleux, serpentant à travers d'énormes blocs de roche. La Gullfoss est une succession de cascades bouillonnantes, variant à l'infini formes et merveilles, bondissant à chaque changement de niveau de la caracolante Hvita, une des plus puissantes rivières glaciaires islandaises. La cascade supérieure tourbillonne en écume mousseuse autour de gros rochers, puis plonge soudain dans la grande faille en rapides pressés et coléreux. La chute principale a 20 m de haut sur 70 de large.

Godafoss, dans le Nord, à une vingtaine de kilomètres à l'est d'Akureyri, se traduit par « Cascade des dieux ». Selon les *Eddas* et la tradition, le président Thorgeir, reniant la foi païenne pour embrasser le christianisme, y aurait précipité, en l'an 999, les effigies des dieux. La chute n'a pas plus de 10 m de haut, mais elle déplace un volume d'eau énorme, nulle part égalé.

Parmi tous les lacs d'Islande — ils sont innombrables —, le Mývatn (lac des Moustiques), à quelques kilomètres de Godafoss, jouit d'une légitime renommée pour la beauté fascinante de ses paysages et son incroyable richesse en oiseaux de toutes sortes, notamment pour la variété de ses canards : on n'en trouve pas moins de seize espèces. C'est, en outre, l'un des rares endroits où le cygne sauvage se reproduit communément.

La plus vieille démocratie

Le peuple islandais est à l'image de sa terre : rude mais souriant, froid mais accueillant, amical en toutes circonstances, parfois jusqu'à devenir chaleureux comme l'eau d'un geyser. Un peuple pourtant difficile à cerner d'un trait, car, s'il continue, par certains côtés, par certains comportements, d'appartenir à la grande communauté nordique, qui englobe les Norvégiens, les Danois, les Suédois et les Finnois, il cultive et entretient jalousement son particularisme.

Par sa langue d'abord, à l'alphabet compliqué. Une langue qui lui est propre et que les Scandinaves du continent ne peuvent aujourd'hui comprendre et encore moins parler sans l'avoir préalablement étudiée, au même titre que l'anglais, l'allemand ou le français.

Par sa culture spécifique ensuite, intimement liée à son histoire, dont la connaissance, même sommaire, aide à saisir sa mentalité. Très tôt, les Islandais, qui furent les derniers colons d'Europe, s'ingénièrent à forger leur identité et firent preuve d'un esprit démocratique « de pointe » par rapport à toutes les autres nations civilisées de l'époque.

Les premiers « Robinson » et « Vendredi » de cette île jusque-là déserte furent des moines et des ermites irlandais, venus, on ne sait trop pourquoi, s'installer en Islande au VIIIe siècle. Ils en repartirent à l'arrivée des Vikings païens, qui occupèrent systématiquement le pays entre 874 et 930. Ces derniers fondèrent une république composée de trente-neuf communautés autonomes et créèrent, à Thingvellir, un parlement — l'Alting — qui votait les lois, rendait la justice et était la plus haute instance en matière de religion et de droit ecclésiastique. Les Islandais se donnèrent un Code pénal d'une précision et d'une sagesse sans égales. Tout y était prévu pour que nul ne fût accusé sans raison, condamné sans défense. Plus étonnant encore, la peine de mort n'y figurait pas. Au Xe siècle ! La législation était d'ailleurs si moderne que, aujourd'hui encore, elle fait l'admiration des spécialistes du droit. Elle réglementait d'une façon précise les successions, l'instruction des procès, la recherche préalable de conciliation, prévoyait des clauses spéciales pour les enfants naturels et les indigents, assurait la protection efficace de la propriété. Le commerce avait ses lois, le déroulement de la vie publique, ses règles.

▲

Immense blessure à peine cicatrisée, produite par de formidables bouleversements internes, la faille de l'Almannagja, dans le Thingvellir.
Phot. Édouard-Studio des Gds-Augustins

En l'an 999, l'Alting adopta officiellement la religion catholique. Cette conversion obligatoire au christianisme évita les scissions qui auraient mené la nation à la ruine.

La première république dura jusqu'en 1262, date à laquelle l'Islande passa sous la tutelle norvégienne. Quand, au XIVᵉ siècle, la Norvège fut réduite à l'état de province danoise, le Danemark devint la puissance protectrice de l'île. Au XVIᵉ siècle, il imposa la Réforme et décapita Jón Arason, le dernier évêque catholique (1550). Tous les biens de l'Église furent confisqués par le roi de Danemark, qui renforça ainsi son pouvoir et put imposer, en 1602, le monopole du commerce danois, avec des peines sévères pour les contrevenants.

À la fin du XVIIIᵉ siècle — le plus noir de l'histoire de l'Islande avec ses graves épidémies et ses catastrophes naturelles —, l'Alting fut dissous. En 1809, un aventurier danois, Jörgen Jörgensen, prit le pouvoir et se proclama dictateur, mais il fut rapidement destitué par l'intervention d'un bateau de guerre britannique. Après les campagnes napoléoniennes, la situation s'améliora peu à peu et, vers le milieu du XIXᵉ siècle, commença à s'organiser sérieusement le combat pour une plus grande autonomie, sous la conduite de Jón Sigurdsson, aujourd'hui héros national.

En 1854, le commerce extérieur redevint entièrement libre. En 1874, alors que l'Islande célébrait le millénaire de l'arrivée des premiers colons, le roi de Danemark lui accorda une Constitution et la gestion de ses propres finances. En 1904, l'Islande obtint l'autonomie interne et, en 1918, elle recouvra sa souveraineté nationale, tout en restant unie à la couronne danoise. En 1940, elle fut occupée par les troupes britanniques, puis par les Américains après un accord spécial entre les deux gouvernements. Enfin, le 17 juin 1944, jour anniversaire de Jón Sigurdsson (né en 1811), la république fut proclamée à Thingvellir.

◄

Une des chutes de Gullfoss, où la grande rivière glaciaire Hvita plonge dans une profonde crevasse au milieu d'un nuage d'écume.
Phot. Édouard-Studio des Gds-Augustins

▲
Parure de l'Islande, de fort nombreuses rivières, issues des glaciers, se ruent vers l'Océan en formant de spectaculaires cascades. (Seljalandsfoss, sur la côte sud-ouest.)
Phot. D. Bessmann

▶
Les eaux bouillonnantes de la Thjórsa — le plus long cours d'eau d'Islande — au pied du mont Búrfell.
Phot. Édouard-Studio des Gds-Augustins

Tout est dans les sagas

Si, dans le langage moderne, «saga» est devenu synonyme d'histoire, on le doit à l'Islande, universellement réputée pour sa littérature médiévale et, plus particulièrement, pour les ouvrages connus sous le nom de «sagas des Islandais». Ces récits en prose, réalistes et profanes, sont la transcription de légendes remontant à l'époque viking. Rédigés dans la langue vernaculaire des XIIᵉ et XIIIᵉ siècles, ils constituent le seul apport original des pays nordiques à la littérature mondiale. Ces sagas, remarquablement modernes par le style, l'approche du sujet et les thèmes traités, fournissent de précieuses indications sur les mœurs, le caractère, la vie quotidienne et les hauts faits des Islandais en vue aux Xᵉ et XIᵉ siècles. La *Saga de Njáll*, par exemple, raconte par le menu comment, en cas de problème insoluble, les sages du premier Alting s'efforçaient de trouver une solution nouvelle permettant de satisfaire la légalité. Snorri Sturluson (1179-1241), le plus grand historien du Moyen Âge, écrivit l'histoire des rois de Norvège dans son fameux *Heimskringla* et un recueil d'art poétique, *l'Edda prosaïque*. Il est probablement l'auteur de la *Saga d'Egill,* histoire du poète viking Egill Skallagrimsson, un des novateurs de la poésie scandinave, qui vécut dans l'ouest de l'Islande au Xᵉ siècle.

Les poèmes héroïques et mythologiques rassemblés sous le nom d'*Edda poétique* sont les seuls documents existants sur les croyances et la mentalité des peuples germaniques à l'époque préchrétienne. Richard Wagner a puisé à ces sources la matière du cycle de *l'Anneau du Nibelung.* Après l'effondrement de la république, à la fin du XIIIᵉ siècle, la littérature périclita. Elle resta en sommeil jusqu'au XIXᵉ siècle. Alors, le romantisme, coïncidant avec le réveil du sentiment national, fournit une importante lignée de poètes de qualité, qui chantèrent le passé glorieux de l'île et la beauté de ses paysages.

Les Islandais sont avides de lecture, et le nombre de livres publiés par habitant est plus élevé en Islande que dans les autres pays.

Des poneys pas sauvages

Oui, tout est dans les sagas. Celles de Laxardalur ont choisi le cadre enchanteur des fjords de la côte ouest — Borgarfjördur, Hvalfjördur, etc. — pour théâtre de leurs récits. Un océan splendide, un horizon fantastique, hérissé d'îlots rocheux qui semblent dériver au large comme des icebergs, de longues îles qui étirent leurs rocs peuplés de goélands, la falaise crevée de talus de lave bruissants de mouettes et de guillemots. Et, au-dessus, le chapelet des volcans et toutes les nuances de leur arc-en-ciel de feux vivants.

Les sagas chantent le village de Strandakirkja, sur la côte sud-ouest, au pied du minuscule golfe d'Engilsvik, où les pêcheurs de la baie d'Eyrar se rendent chaque année en pèlerinage. Un de leurs ancêtres, se trouvant en détresse — l'événement remonte à la nuit des temps —, avait fait serment d'ériger une chapelle s'il sortait sain et sauf de la tempête. Dieu l'entendit, et le pêcheur tint parole. Le portail et la charpente de la chapelle sont faits des planches de son bateau, disloqué en s'échouant sur le rivage.

La société islandaise ayant été essentiellement rurale pendant des siècles, les sagas chantent les moutons, dont il existe encore de vastes troupeaux et qui fournissent une des laines les plus belles, les plus douces et les plus chaudes qui se puissent imaginer. Les touristes en sont friands. Ils l'emportent par pelotes à tricoter, ou sous forme de gros pull-overs, si caractéristiques qu'ils sont uniques au monde. L'agneau fumé reste le plat des fêtes, la spécialité gastronomique recommandée par les meil-

Sur la côte sud, aux alentours de Dyrholaey, la mer, en rongeant les coulées de lave, a sculpté les sombres falaises de Reynisfjall.
Phot. Charbonnier-Top

▲

On pêche toujours la baleine dans les eaux islandaises, mais ce grand mammifère marin se fait de plus en plus rare et sa capture est strictement réglementée.
Phot. Sigurd-Arepi

leurs restaurateurs de l'île (avec, bien sûr, le poisson sous toutes ses formes).

Les sagas, enfin, chantent les poneys islandais, vieux compagnons indispensables aux hommes, des bêtes courtes sur pattes, mais à l'épreuve de l'âpreté du climat et des embûches des mauvais chemins. Les routes se sont améliorées, mais il y a encore près de 50 000 poneys en Islande. La moitié d'entre eux servent de chevaux de selle, le reste vit, hiver comme été, à l'état sauvage dans les vallées un peu « Far West » des montagnes. Trapus, ramassés, ils sont capables de parcourir de très longues distances sans fatigue apparente.

Les paysans sont fiers de leurs bêtes, qui sont pour eux un sujet de conversation intarissable. Ils racontent volontiers que ces petits chevaux sans élégance, mais robustes et courageux, ignorant les maladies, peuvent atteindre des âges incroyables — plus de quarante ans ! — et sont utilisés jusqu'à leur vingt-cinquième année pour la reproduction.

« Depuis neuf cents ans, explique l'un des plus grands éleveurs, nous n'avons introduit aucune race chevaline étrangère en Islande. Nos bêtes ont donc conservé un sang absolument pur. Mais la raison principale de leur santé et de leur extraordinaire endurance, nous la trouvons dans la sélection que la nature opère d'elle-même. En 1783, lors de la terrible éruption du Laki, 30 000 chevaux moururent. Seuls 8 500 survécurent. Les plus forts. Ce sont les aïeux de nos chevaux actuels. »

▲
Abrité au fond d'un fjord de la presqu'île de Reykjanes,
au sud-ouest de Reykjavík, le port de Hafnarfjördur
aux maisons vivement colorées.
Phot. Charbonnier-Top

Quelques paysans, dans leurs fermes de bois clairsemées où l'on vous reçoit toujours comme un ami, puisque vous avez accompli l'effort de venir jusque-là, possèdent plus de 100 poneys. Ce sont des animaux dociles. L'inconnu, cavalier ou pas, peut les monter sans risque.

Un pays sans chemin de fer

Dans notre dernier quart du XXe siècle, ces poneys restent indispensables pour certains déplacements. Les routes dignes de ce nom ne s'aventurent pas très loin à l'intérieur de l'île. À quelques exceptions près, les « nationales » suivent, en gros, le tracé du littoral. La moitié des 11 000 km de routes existantes ne sont pas asphaltées. Il n'y a pas de chemins de fer en Islande. Pas même de tramways. De nos jours, les lignes aériennes intérieures y suppléent en partie. Elles se sont beaucoup développées au cours de la dernière décennie, et les principales villes sont maintenant reliées quotidiennement entre elles. Akureyri, cité-phare du Nord (11 000 hab.) n'est plus qu'à soixante minutes

▲

14

Au centre de Reykjavík, capitale de l'Islande, le lac Tjörnin est le point de ralliement des canards de toute espèce, au milieu desquels un cygne sauvage, majestueux et solitaire, paraît bien insolite.
Phot. Richer-Fotogram

de Reykjavík. L'avion a mis un terme à l'isolement intérieur et extérieur de l'Islande : grâce à lui, elle est désormais à quelques heures seulement de l'Amérique et de l'Europe. C'est si vrai qu'il n'existe plus aucun service régulier permettant de se rendre en Islande par mer : le dernier paquebot a été vendu en 1973.

D'où que l'on vienne, on atterrit d'abord à Reykjavík, capitale et plaque tournante de l'île. Selon la tradition des sagas, à laquelle il est bon de se référer souvent, Reykjavík est située à l'endroit où Ingólfur Arnarson, chef des premiers colons vikings (sa statue domine le port), avait bâti sa maison en 874. Pourtant, ce n'est qu'en 1786 que l'actuelle capitale obtint son statut de ville. On n'y dénombrait alors que 167 habitants ! Elle en comptait 40 000 en 1960 et plus de 84 000 en 1978.

Une bonne moitié de l'Islande vit à Reykjavík et dans ses environs. C'est là que se

trouvent, au cœur de la vieille ville, entre le port et le lac Tjörnin, tous les bâtiments officiels : le Parlement, construit en 1881, simple immeuble en basalte sombre à bossages ; la cathédrale luthérienne, modeste église peinte en gris clair, avec un clocher de bois ; la maison du Gouvernement, qui date du XVIIIᵉ siècle ; les grandes écoles ; enfin, le théâtre et la Bibliothèque nationale, deux édifices en lave noire. Dans le quartier de l'Université (fondée en 1911) a été élevé le mémorial au commandant Charcot. Là, se dressent également la maison nordique de la Culture, œuvre du grand architecte finlandais Alvar Aalto, destinée aux arts et traditions nordiques, et le Musée national, divisé en trois parties : une section historique, dans laquelle une large place est faite à l'implantation des Vikings dans l'île, aux bateaux et aux traditions populaires ; une section artistique, avec les collections de l'État ; et une section de sciences naturelles.

Le musée de plein air d'Arbær contient quelques vieilles maisons de Reykjavík, reconstruites dans le style original, ainsi qu'une église de campagne et une ferme, aux traditionnels toits de tourbe couverts d'herbe, toutes deux datant du début du siècle. Preuve la plus remarquable de l'absence de pollution dans cette ville sans fumée (dont le nom signifie pourtant « baie des fumées », parce que ses premiers occupants avaient été impressionnés par les volcans en activité) : une des meilleures rivières à saumons de l'île la traverse.

Le Thingvellir, berceau de la République

Le Thingvellir, à l'est de la capitale, est le berceau historique de l'île, l'endroit où fut proclamée, en 930, la plus ancienne assemblée parlementaire. C'est un site curieux, une plaine couverte d'énormes coulées de lave, où subsistent des vestiges de constructions, qui passent pour les habitations des chefs de l'ancienne république fédérative, et le Lögberg (rocher aux Lois), un piton qui servait de tribune au président de l'Assemblée.

Akureyri (11 000 hab.), au fond de l'Eyjafjördur, est la ville importante du nord du pays, avec son bon port bien protégé par les hauteurs environnantes. Ses monuments les plus notables sont quelques vieilles maisons bien conservées, le musée municipal, qui renferme une collection archéologique, et l'église construite en 1940 au sommet d'un grand escalier d'où l'on domine la ville entière.

À l'embouchure du fjord, à l'extrémité de la presqu'île, Siglufjördur (2 250 hab.) est l'ancienne capitale du hareng. Les eaux côtières islandaises passent, depuis toujours, pour de fructueux lieux de pêche. Un atout pour l'économie du pays, le poisson et les autres produits de la mer représentent quelque 75 p. 100 des exportations de l'île. Mais cette réputation peut aussi être un inconvénient. Durant les

années 60, le hareng a fait l'objet d'une pêche tellement intensive de la part des flottes européennes que l'espèce a brusquement disparu de la région à la fin de la décennie. En 1971, la pêche au hareng avait été interdite dans cette zone.

Deux ports de pêche encore, Ísafjördur et Patreksfjördur, sont les localités principales de la péninsule nord-ouest.

Au sud-ouest, deux villes de quelque importance, Kópavogur et Hafnarfjördur, et, à 70 km environ de Reykjavík, au fond du Hvalfjördur, le « fjord des baleines », la seule station baleinière d'Islande, où sont traités, en moyenne, 300 à 400 cétacés par an. Pour peu que les prises aient été bonnes, le spectacle du dépeçage est impressionnant, mais l'odeur met les curieux en déroute !　■ Jacques NOSARI

Frangé de verdure, parsemé d'îles, le vaste lac Myvatn, dont le nom signifie « lac des moustiques », est riche en poissons et en gibier d'eau.
Phot. Stevens-Atlas-Photo

▲
Haut lieu de l'Islande, la plaine de Thingvellir servit de cadre au premier Parlement de l'île et, dix siècles plus tard, à la proclamation de la nouvelle république.
Phot. Édouard-Studio des Gds-Augustins

▶
Une eau verdâtre, trouble et opaque, emplit le Helviti (cratère de l'Enfer), l'une des « bouches » du volcan Askja qui ravagea l'est de l'Islande en 1875 et est toujours en activité.
Phot. Édouard-Studio des Gds-Augustins

Le Groenland

Historiquement, la province danoise du Groenland est unie à l'Islande par Erik le Rouge. C'est ce Viking islandais, d'origine norvégienne, qui, poussant plus loin sa curiosité de colonisateur, fut, vers 982, le premier Européen à poser le pied sur cette terre glacée. À cette époque, les Islandais avaient le goût de l'aventure : ce sont eux qui, cinq siècles avant Christophe Colomb, découvrirent le continent américain, sans réussir, toutefois, à s'établir dans le Nouveau Monde.

Avec sa superficie dépassant 2 millions de kilomètres carrés, le Groenland est considéré comme la plus grande île du monde. Du cap Farewell, la pointe la plus méridionale, au cap Morris Jesup, au nord, la distance est la même qu'entre Londres et le centre du Sahara. Les cinq sixièmes environ du pays sont recouverts d'une épaisse calotte glaciaire, appelée « islandsis », mais l'étroite bande littorale libre de glace a tout de même une surface équivalente à celles de l'Angleterre et de l'Italie réunies.

Les montagnes côtières sont entrecoupées de fjords profonds, et surtout dans le Nord et l'Est, de glaciers qui se creusent un chemin de l'in-landsis vers la mer. De ces glaciers se détachent d'énormes masses de glace, qui forment des icebergs. Ceux-ci, joints aux lambeaux de la banquise arctique qui dérivent le long de la côte orientale et autour du cap Farewell durant la plus grande partie de l'année, rendent la navigation difficile dans les eaux groenlandaises. Un seul espace maritime assez large, à l'ouest, autour de Godthåb, la capitale, reste libre de glace et praticable en toute saison.

Le Groenland est traversé par le cercle polaire, et le climat arctique règne sur toute l'île. Le Gulf Stream ne réchauffe pas les côtes, où la température moyenne de juillet ne s'élève pas au-dessus de 10 °C. Même dans les régions les plus méridionales — la « Riviera » groenlandaise —, il n'y a guère que quelques bouquets de bouleaux et de saules. Il y pousse toutefois beaucoup d'espèces de petites fleurs et, dans le Sud, on peut, avec quelque profit, semer un peu d'herbe et cultiver divers légumes.

L'essentiel de la population (un peu plus de 50 000 âmes) est éparpillé sur cette bande de terre moins inhospitalière. Mais le Groenland frappe les visiteurs — encore rares — par sa rude beauté et par ses paysages grandioses. C'est le pays où les montagnes bougent : à Jakobshavn, sur la côte ouest, un glacier gigantesque avance à la vitesse de 30 m par jour vers les eaux limpides

▲
Les côtes montagneuses du Groenland sont entaillées par des fjords profonds, dans les eaux tranquilles desquels des icebergs flottent durant toute la belle saison.
Phot. Stevens-Atlas-Photo

▲
Cape de perles multicolores et kamiks (bottes) brodées en peau de phoque, une jeune Esquimaude en costume de fête.
Phot. C. Lénars

de la baie de Disko. Le pays où, en hiver, saison de la nuit presque continue, les rideaux de l'aurore boréale balaient par saccades violentes le ciel sombre de l'Arctique. L'air est d'une pureté absolue. Le soleil brille avec éclat. Le gel fait scintiller des étendues de neige sans fin.

Pas d'entracte pour les Esquimaux

L'histoire du Groenland est, depuis l'ère glaciaire, la saga d'une série de peuples qui y ont immigré durant des périodes propices pour s'éteindre quand le climat redevenait froid au-delà des limites supportables. Deux fois, vers l'an 2000 av. J.-C. et au début de notre ère, des peuplades de chasseurs, venues de l'Amérique du Nord, ont pris possession de l'île et y ont vécu durant des siècles avant de succomber, laissant le pays inhabité.

Vers l'an 1000, deux peuples très différents arrivèrent en même temps. De l'ouest vinrent les Esquimaux, ancêtres des Groenlandais actuels, et de l'est des Vikings, qui implantèrent une culture rurale européenne autour des fjords méridionaux. Ces derniers baptisèrent le pays Groenland (Pays vert) parce que les grands fjords vierges leur parurent beaucoup plus engageants que la rude Islande du Nord dont ils étaient originaires.

Les colonisateurs réussirent à se maintenir dans l'île jusqu'au XIVᵉ siècle. Il y avait alors 300 fermes, 16 églises, un évêché et deux monastères. Cette colonie disparut brusquement en raison de la détérioration du climat et des conflits avec les Esquimaux venus du Nord et cherchant à s'étendre sur le littoral.

Le Groenland est la patrie de la population esquimaude la plus nombreuse du globe. Ils ont survécu là où d'autres ont dû renoncer. Ils ont développé des techniques de chasse hautement perfectionnées, projetant de leur kayak ou des glaces flottantes des harpons sur leur proie, principalement le phoque, dont la viande sert à l'alimentation, la graisse à l'éclairage et au chauffage, la peau à la fabrication des tentes, des vêtements et des embarcations.

Le pays fut exploré par les Anglais au XVIᵉ siècle et colonisé de nouveau, au XVIIᵉ, par les royaumes unis de Danemark et de Norvège. Depuis 1953, il fait partie intégrante du territoire national danois. Les industries ont été développées, les maisons individuelles remplacées peu à peu par des immeubles collectifs. On a construit dans les ports d'importants centres pour la préparation des produits de la pêche. Des caboteurs et des hélicoptères assurent le transport local des passagers et du courrier. Les bateaux font office d'autobus et relient villes et villages. Le traîneau à chiens est toujours utilisé au nord du cercle polaire et, en hiver, les visiteurs d'Angmagssalik et de Jacobshavn peuvent tenter l'expérience fascinante de ce moyen de transport inhabituel, des parcours étant organisés de février à mai dans les districts de Holsteinsborg et de la baie de Disko.

La chasse aux phoques

On ne se déplace pas au Groenland comme dans les autres pays. Il est indispensable de prévoir son voyage longtemps à l'avance et de se renseigner soigneusement sur les étapes possibles, sous peine de se voir bloqué de longs jours et privé de communications avec l'extérieur.

Pour découvrir la côte occidentale, contempler de haut les immenses fjords et les grands pâturages à moutons de la région de Julianehåb, pour visiter les fouilles archéologiques ayant mis au jour les vestiges laissés par les premiers colons, il faut prendre l'avion jusqu'à Narssarssuaq et, de là, un bateau côtier qui vous emmène jusqu'à Upernavik, très loin au nord. Le retour s'effectue par Egedesminde, d'où un hélicoptère assure la liaison avec Søndre Strømfjord, l'aéroport international.

Plus au sud, entre Frederikshåb et Holsteinsborg, s'étend une longue côte libre de glace toute l'année. La mer baigne une multitude de petites îles et se brise en écume blanche au pied des falaises abruptes où nichent des oiseaux marins. Dans cette région, des villes modernes poussent autour des industries de la pêche.

Au-delà du cercle polaire, autour de la baie de Disko, on pratique la chasse aux mammifères marins, principale activité dans le nord du Groenland. Les «massacres» de bébés phoques, qui soulèvent à travers le monde une révolte dont on apprécie les mobiles humanitaires, apparaissent ici comme une nécessité vitale. Les habitants de la région ne comprennent pas qu'on veuille mettre un terme — ou réglementer sévèrement — à ce qui est pour eux une tradition ancestrale, une partie intégrante de leur manière de vivre et de survivre. Un problème pour le moins délicat. Cette chasse a surtout lieu au nord du fjord d'Umanak. La population est clairsemée, car la prise d'un phoque ou d'un morse ne peut nourrir beaucoup de monde. Ici, les chiens de traîneau font partie de la vie quotidienne.

Le point de départ d'une randonnée le long de la « Riviera » du Sud est toujours Narssarssuaq, premier établissement des Vikings d'Erik le Rouge,

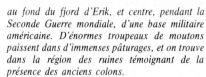

au fond du fjord d'Erik, et centre, pendant la Seconde Guerre mondiale, d'une base militaire américaine. D'énormes troupeaux de moutons paissent dans d'immenses pâturages, et on trouve dans la région des ruines témoignant de la présence des anciens colons.

Godthåb, la capitale, est reliée à l'aéroport international par hélicoptère. Fondée en 1728 par le missionnaire danois Hans Egede, elle compte maintenant plus de 8 000 habitants. C'est une petite métropole à l'américaine, avec de grands immeubles, des magasins, des supermarchés et des bureaux, mais le quartier ancien est resté pittoresque. C'est le siège des administrations et du Conseil du Groenland. Vers le fond du fjord, la prairie verdoyante est parsemée de minuscules

◄

Par les froids les plus rudes et sur les terrains les plus accidentés, un bon attelage de chiens esquimaux peut couvrir 80 km par jour en traînant près d'une tonne de charge.
Phot. Perrin-Atlas-Photo

villages aux maisons colorées, dont l'aspect n'a guère changé depuis un siècle.

De Søndre Strømfjord, le bateau côtier mène le voyageur vers les îles situées autour de la baie de Disko, une énorme étendue d'eau d'un bleu pur, parsemée d'icebergs. L'air est tellement transparent qu'on aperçoit les montagnes basaltiques jusqu'à 80 km de distance. Jakobshavn, ville natale de l'explorateur polaire Rasmussen, fondée en 1741, est située au milieu d'un des plus beaux paysages du Groenland. De Disko à la presqu'île de Nugssuak s'offre au regard une nature sauvage. Au pied de montagnes presque inaccessibles, Umanak aligne ses maisons en tourbe des temps anciens et les restes de bâtiments remontant aux premiers temps de la colo-

nisation. Mais aller jusque-là est déjà une aventure, car le Groenland, terre de prédilection des explorateurs polaires, reste d'un abord difficile et entend se mériter.

Les îles Féroé

Points minuscules perdus en plein Atlantique Nord, l'archipel danois des Féroé dresse, entre l'Islande et les Shetland, ses sombres falaises basaltiques battues par la tempête. Seule résiste au vent une herbe étonnamment verte, dont se

repaissent des milliers de moutons, deux fois plus nombreux que les hommes. Depuis des siècles, l'élevage et la pêche font vivre la population. Des navires et des installations ultra-modernes ont remplacé les longues barques allongées des pêcheurs féroyens, mais les coutumes n'ont guère changé : danses et chants rythmés hérités du Moyen Âge, traditions culinaires (poisson séché, steak de baleine). Colonisées par les Vikings norvégiens, les Féroé sont passées, depuis 1380, sous le contrôle du Danemark, mais leur grande fête reste la Saint-Olav (29 juillet), commémorant l'entrée dans la légende du roi de Norvège. Depuis 1948, l'archipel jouit d'une large autonomie interne ; il émet ses propres timbres depuis 1976.

▲

Aux limites septentrionales de la civilisation, le site de Thulé est dominé par la silhouette tronquée du mont Dundas, point de repère des navigateurs polaires.

Phot. Lovat-Atlas-Photo

▶

Montagnes de glace flottante dont un dixième seulement émerge de l'Océan, les icebergs dérivent lentement au gré des courants, rendant la navigation périlleuse.

Phot. Stevens-Atlas-Photo